ON TOP OF THE PYRAMID

金字塔之巅

古埃及文明探微

UNVEILING THE CIVILIZATION OF ANCIENT EGYPT

上海博物馆 编　上海书画出版社

大屏小书 谈艺录

编撰委员会

指　导

上海市文化和旅游局　上海市文物局

出　品

上海博物馆

主　任

钟晓敏

副主任

褚晓波　汤世芬

委　员

褚　馨　金科羽　林文思　施文漪　贾　若

《金字塔之巅：古埃及文明探微》
导读人

蒲慕州　香港中文大学历史学系讲座教授

金寿福　复旦大学历史学系教授

颜海英　北京大学历史学系教授

王海利　北京师范大学历史学院教授

温　静　中国社会科学院世界历史研究所助理研究员

薛　江　上海外国语大学世界艺术史研究所研究员

目录

前言
褚晓波
06

1 地图
09

2 年表
15

3

了解古埃及
23

众神初现　根植于自然地理环境的宇宙观　24

三界合一　国王作为维护秩序的核心　30

仪式生活　社会结构与生活图景　34

斯文斯道　文字及其书写者　38

交融再造　古埃及与地中海世界　42

回归永恒　丧葬仪式与来世信仰　44

研究古埃及
51

蒲慕州：古埃及神庙中的仪式与祭文　52

金寿福：《亡灵书》与古埃及人的墓葬习俗　84

颜海英：萨卡拉的秘密——古埃及的复古主义与文化记忆　112

王海利：古埃及文字与文学　138

温静：古埃及人的生死观　180

薛江：图坦卡蒙时期的新艺术风格　208

前 言

壮丽的尼罗河流经千里沙漠，汇入地中海。在她滋养的广袤黑土地上，古埃及文明萌发壮大，成为地中海文明圈的中心，也是人类文明最早的源头之一。古埃及，总与"震撼"和"神秘"相连，在这里，诞生了人类文明初期的文字、城市和国家，建立了古代最发达的来世信仰体系，创造了举世瞩目的文明成就；在这里，古希腊文明与古老的东方诸文明经历了复杂的融合过程，多元文化在选择和再造中传承发展，走向未来。

埃及与中国同为文明古国，是我国第一个建交的阿拉伯国家和非洲国家，也是我们的好兄弟、好伙伴、好朋友。2024年恰逢中埃建立全面战略伙伴关系十周年，我们欣然与埃及最高文物委员会携手共进，在上海博物馆举办"对话世界"文物艺术系列的第四个大展"金字塔之巅：古埃及文明大展"，全面揭秘古埃及文明及其最新考古发现。此次展览是中国官方博物馆与埃及政府间的首次合作，也是有史以来全球最大规模、亚洲最高等级的埃及文物出境展，它将见证中埃两国源远流长的友谊并进入跨越式发展的黄金时代。

展览通过一部通史"法老的国度"和两个专题"萨卡拉的秘密""图坦卡蒙的时代"展开独立叙事。这是我们自主策展的古埃及大展，它不仅是展览界的一个里程碑，也将是埃及学研究的重要分水岭，来自中国学者的独特理解将为埃及学注入更加多元的视角。同时，我们选择了若干中国文物进行对话展出，探讨不同文明对人类永恒命题的理解，在解读他者中再度认识自我。展品囊括了埃及国家博物馆、卢克索博物馆、苏伊士博物馆等7家埃及重点博物馆以及萨卡拉考古遗址，共计古埃及文物788件。展出文物总量逾800件，其中超过95%的文物为首次来到亚洲。本次展览也是全球首次大规模展示2020年全球十大考古发现之一——萨卡拉的考古成果。

区别于以往的全球埃及展，"金字塔之巅"仅在上海博物馆独家展出，并在展览史上首次采用大型货机包机的方式进行展品运输。展览的展陈面积超3000平方米，将通过历史叙事、文物陈列与数字展示，打造别具一格的沉浸式空间。展览的举办为两大古老文明交流碰撞出美妙火花的同时，也拉开了中埃两国之间未来更广泛人文合作的序幕。展览开幕后的两个月，上海博物馆的考古队远赴开罗，考察遗址和考古工地，最后选定在孟菲斯位于 Mit Rahina 博物馆南面的塞赫迈特神庙遗址，开展中埃两国的联合考古项目，这是更为长久和深入的合作。

经过 426 天艰苦卓绝的精心筹备，大展圆满落地上海博物馆，每天迎接着来自中国各地，甚至境外数以万计的观众。2024 年 11 月 26 日，在开幕后的第 131 天，展览迎来第 100 万位观众。历史的巧合不可思议，102 年前，正是同一天，考古学家卡特在帝王谷第一次以烛光点亮图坦卡蒙的墓室。在这百万观众中，有七成来自上海以外，这说明神秘的古埃及文明对中国观众，有着自然强大的吸引力。大家驻足展厅，凝视埃及古文明的同时，徜徉在从尼罗河到长江，再到黄浦江的跨时空之旅。在接下去的时间里，让我们继续享受这场世界顶级的饕餮文明盛宴，共同聆听两个古老的国度历经悲欢后，在神奇相遇与伟大共鸣中展开大河文明之间、古代与现代之间的双重对话。

上海博物馆每年选定一个大展，策划出版"大展小书"系列图书。继开篇"从波提切利到梵高"展之后，这是第二本小书。我们邀请了中国埃及学界的诸位学者，他们从各自的视角聚焦神庙、《亡灵书》、萨卡拉考古、文字与文学、生死观及图坦卡蒙艺术新风等主题，以深入浅出的方式，讲述古埃及文明的各个面向。我们也选择了展览中"法老的国度"这一重要展厅，以其版块为单位，做了详细的知识点梳理。相信这些可供读者快速地储备知识，丰富对古埃及的认知。愿这本小书，给大家带来知识的更新，阅读的快乐，把展览从展厅带回家。

上海博物馆馆长

地图 I

大河之滨

发源于非洲中部维多利亚湖的白尼罗河,与埃塞俄比亚高原的青尼罗河、阿特巴拉河在苏丹境内合流,自南向北流淌,在埃及境内的千余公里是它汇入地中海之旅的最后路程。古希腊作家希罗多德在《历史》中写到"埃及是尼罗河的赠礼",此话广为流传。河流带来的水源与淤泥滋养了古埃及文明,周而复始的泛滥节律塑造了古埃及文明的底色。

古埃及诺姆
及重要遗址示意图

注：诺姆是埃及传统行政区。在古埃及王朝的多数时候，上埃及有 22 个诺姆，下埃及有 20 个诺姆。

	徽标	诺姆名	现在的位置	主要神祇
上埃及诺姆		塔瑟提	第一瀑布到格贝尔·西尔西拉以北	赫努姆，萨提斯，阿努基斯，伊西斯，大荷鲁斯，索贝克
		荷鲁斯王座	埃德福地区	荷鲁斯
		神龛	库姆·阿赫玛到艾斯纳以北	荷鲁斯，奈赫贝特，赫努姆，奈特
		权杖	阿曼特和卢克索地区	阿蒙，穆特，洪苏，门图，布吉斯，索贝克
		双隼	基福特地区	敏，塞特
		鳄鱼	丹德拉地区	哈托尔
		叉铃	希乌地区	巴特
		伟大之地	阿拜多斯和吉尔加地区	肯塔门提，奥赛里斯，欧努里斯
		敏	艾赫米姆	敏
		眼镜蛇	卡乌凯比尔地区	塞特，米霍斯，涅姆提威
		塞特	代尔瑞法地区	塞特
		角蝰山	艾斯尤特对面的代尔盖卜拉维地区	涅姆提
		南西克莫树和角蝰	艾斯尤特地区	威普瓦威特，阿努比斯
		北西克莫树和角蝰	美尔和库西亚地区	哈托尔
		野兔	阿玛尔纳、阿什姆林和柏尔沙地区	图特，八神，阿吞
		羚羊	贝尼·哈桑至明亚以北地区	帕赫特，赫努姆
		豺狼	萨玛鲁特地区	阿努比斯
		涅姆提	拉洪对岸的希巴地区	涅姆提
		双权杖	巴赫纳萨至比巴	塞特，象鼻鱼
		南西克莫树	本尼·苏夫地区	海瑞舍夫
		北西克莫树	瓦斯塔和美杜姆地区	赫努姆，斯奈弗鲁
		刀	阿特菲赫至达舒尔地区	哈托尔

上埃及与下埃及

尼罗河上游河谷狭长,下游支流分散入海,形成三角洲的冲积平原。依循河水流向,古埃及人把自己的国度分为上下埃及:大约以今日开罗为界,以南直到现埃及南部与苏丹边境处的土地被称为"上埃及",以北的三角洲则是"下埃及"。河岸沉积的黑土地与被称作红土地的广袤沙漠泾渭分明,肥沃的黑土地有利于发展农业,墓葬则埋于西岸的红土地,黑与红也因此分别象征了生命与死亡。

	徽标	诺姆名	现在的位置	主要神祇
下埃及诺姆		白城	里什特和孟菲斯	普塔,索卡尔,阿匹斯
		牛腿	奥西姆附近的西南三角洲地区	荷鲁斯,凯尔提
		西方	西北三角洲,尼罗河的罗塞塔支流以西	哈托尔
		南盾	西南三角洲北部,萨玛顿以南	奈特
		北盾	萨哈加至海岸	奈特
		牛山	三角洲中部至海岸	拉
		西鱼叉	西北三角洲,罗塞塔支流以东	哈
		东鱼叉	三角洲东部,图密拉特干河谷沿线	阿图姆
		安杰提	三角洲中部,萨曼努德以南	奥赛里斯,安杰提
		黑牛	三角洲东南部,本哈以南	荷鲁斯
		数牛	三角洲东部,太尔穆克达姆地区	舒,泰芙努特,米霍斯
		小牛和母牛	三角洲东北部,萨曼努德至海岸	欧努里斯
		代表繁荣的权杖	三角洲东南端	阿图姆,伊乌萨阿斯,美涅维斯
		东方的首位	三角洲东部,塞易德港以南	塞特
		朱鹭	三角洲东北部,尼罗河的达米埃塔支流地区	图特
		鱼	三角洲东北部,太尔卢巴至海岸	巴涅布杰代特,哈特麦西特
		贝赫代特	三角洲东北区,巴拉蒙至海岸	荷鲁斯
		南方的王子	三角洲东南,太尔巴斯塔地区	巴斯泰特
		北方的王子	三角洲东北,圣哈加以东	瓦杰特
		戴羽冠的隼	三角洲东部,图密拉特干河谷以北	索普杜

地中海 Mediterranean Sea

死海 Dead Sea

西奈 Sinai

东部沙漠

下埃及 Lower Egypt

西部沙漠 Western Desert

尼罗河

- 罗塞塔 Rosetta
- 庞培柱 Pompey's Pillar
- 亚历山大 Alexandria
- 萨哈加 Sakha
- 巴拉蒙 Tell el Balamun
- 太尔巴斯塔 Tell Basta
- 圣哈加 San el-Hagar
- 塞易德港
- 塔尼斯
- 本哈 Banha
- 塔尼斯神庙 Tanis Tempyle
- 萨曼努德 Samanud
- 奥西姆 Ausim
- 赫里欧波利斯 Heliopolis
- 开罗 Cairo
- 孟菲斯 Memphis
- 里什特 Lisht
- 吉萨 Giza
- 萨卡拉 Saqqara
- 达舒尔 Dahshur
- 吉萨金字塔群 Pyramids of Giza
- 梯形金字塔 Step Pyramid
- 美杜姆
- 法雍绿洲 Fayum
- 拉洪 Lahun
- 赫拉克利奥波利斯 Herakleopolis
- 贝尼·哈桑 Beni Hasan
- 明亚 Minya
- 阿玛尔纳 Amarna
- 阿努比斯神庙 Anubis Temple
- 赫尔摩波利斯 Hermopolis

红海
Red Sea

努比亚沙漠
Nubian Desert

菲莱神庙
Philae Temple

卡尔纳克神庙
Karnak Temple

卢克索神庙
Luxor Temple

丹德拉神庙
Dendera Temple

科翁波
Kom Ombo

阿斯旺 Aswan
菲莱 Philae

艾赫米姆 Akhmim

丹德拉 Dendera
基福特 Qift
涅伽达 Naqada
帝王谷 Valley of the Kings
卢克索·底比斯 Luxor Thebes
卡尔纳克 Karnak
图德 Tod

埃德福 Edfu

希乌 Hiw

阿拜多斯 Abydos

哈特谢普苏特神庙
Hatshepsut Temple

库姆·阿赫玛 Kom el-Ahmar
赫拉康波利斯 Hierakonpolis

埃德福神庙
Edfu Temple

拉美西斯二世神庙
Ramesses II Temple

塞提一世神庙
Seti I Temple

拉美西斯二世神庙
Ramesses II Temple
阿布·辛贝尔 Abu Simbel

上埃及
Upper Egypt

N

年表 2

古埃及人有记录历史的习惯

古埃及人认为时间是循环的,每个新王的上位都意味着时间线的重启,所以他们的历史并不按照线性的时间轴书写。这导致每个时期的历史记载都存在大量雷同,举国上下对国王的忠诚也导致了许多伪造或是夸大的成分,给现在的研究和解读带来了一定难度。

古埃及王朝的划分方法尚未统一

目前,学界划分王朝的方式,主要沿用自一位公元前4—前3世纪的古埃及祭司曼尼托所作王表。现代学者希望能够根据古埃及政治与文化发展的主要线索,对王朝加以历史时段的划分,但对具体分期仍有争议。

古代埃及

新石器时期
约公元前8800—前4700年

前王朝时期
约公元前5300—前3000年

下埃及
- 新石器时期 约公元前5300—前4000年
- 玛阿迪文化群 约公元前4000—前3200年

上埃及
- 巴达里时期 约公元前4400—前4000年
- 阿姆拉特时期（涅伽达一期）约公元前4000—前3500年
- 格尔津时期（涅伽达二期）约公元前3500—前3200年
- 涅伽达三期，零王朝 约公元前3200—前3000年

早王朝时期 约公元前3000—前2686年
第一王朝——第二王朝
上下埃及统一，定都孟菲斯

公元前5300年　　　　　　　　　　　　　　公元前3000年

新石器时代 距今约10

古代中国

- 跨湖桥文化
- 裴李岗文化
距今约8000至7000年

- 河姆渡文化
- 仰韶文化早期
距今约7000至6000年

古国时代第一阶段
- 崧泽文化
- 凌家滩文化
- 仰韶文化中晚期
- 红山文化
距今约5800至5200年

古国时代第二阶段
- 屈家岭—石家河文化
- 大汶口文化中晚期
- 良渚文化
距今约5200至4300年

托勒密埃及时期（希腊化时期）

公元前332年

- 秦商鞅首次变法
公元前359年

- 赵、韩、魏三家分晋
公元前453年

第二十七王朝 公元前525—前404年
- 波斯征服埃及，希罗多德到访

第二十六王朝 公元前664—前525年
- 复古主义盛行

公元前664—前332年
后期埃及 第二十六王朝—第三十王朝

东周

- 孔子生于鲁
约公元前551年

公元前664年

- 齐桓公始霸
公元前679年

- 周平王迁都洛阳，是年起史称东周
公元前770年

- 中国历史始有准确纪年
- 共伯和执政，史称共和元年
公元前841年

第二十五王朝至第二十二王朝 · 利比亚人、努比亚人先后入主埃及

第二十一王朝 · 埃及南北分立

西周

公元前1069—前664年
第三中间期 第二十一王朝—第二十五王朝

公元前1069年

- 武王克商，建立周朝，史称西周
约公元前11世纪

第二十王朝 公元前1186—前1069年
- 修建麦迪奈特·哈布神庙
- 拉美西斯三世击败海上民族

第十九王朝 公元前1295—前1186年
- 立"以色列石碑"
- 美内普塔战胜海上民族和利比亚人
- 卡叠什之战，与赫梯签订和平条约
- 拉美西斯二世开启两百余年的"拉美西斯时代"
- 复兴传统文化

商

- 盘庚迁都于殷（今河南安阳）
约公元前14世纪

第十八王朝 公元前1550—前1295年
- 《亡灵书》盛行
- 图坦卡蒙回归传统宗教，还都孟菲斯
- 发动宗教改革，独尊阿吞，阿蒙荷太普四世继位，改名埃赫纳吞
- 阿蒙荷太普三世开启埃及帝国的"黄金时代"
- 图特摩斯三世十次远征亚洲，埃及帝国最终形成
- 女王哈特谢普苏特在位，修建代尔·巴哈里神庙
- 图特摩斯一世远征亚洲

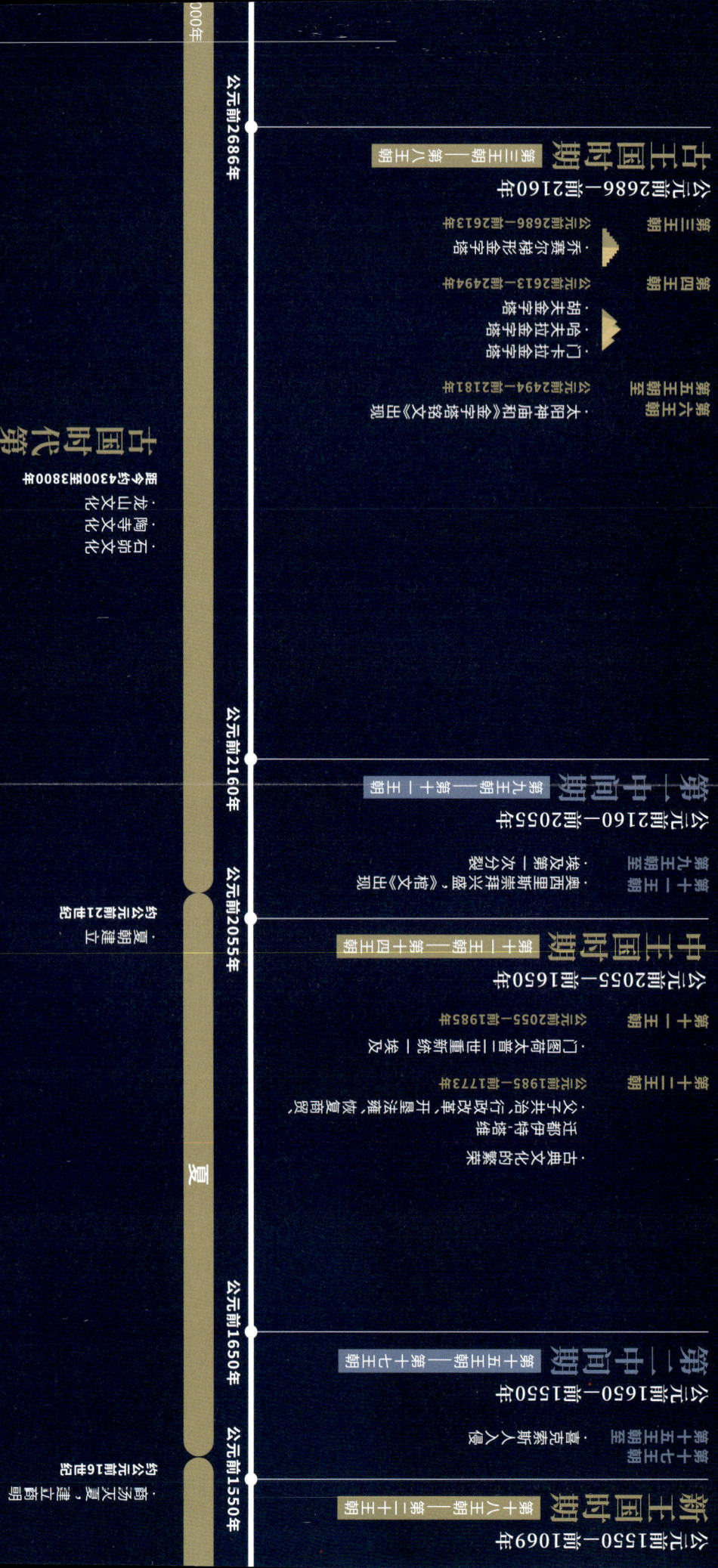

公元前30—公元395年
罗马埃及时期

地中海地区诸文明进一步交融，埃及成为罗马的一个行省。

公元前30年

西汉

东汉

公元前206年
- 秦亡，刘邦称汉王

公元前138年
- 张骞始通西域，开辟丝绸之路

公元25年
- 汉光武帝刘秀定都洛阳，建立东汉

公元220年
- 曹丕称帝，建立魏国，东汉灭亡

了解古埃及 3

文明的诞生

大约从公元前 4000 年起,北非进入干旱期,人们开始移居到尼罗河流域。公元前 2000 年时,埃及形成了与今日相似的干燥气候。北侧的地中海与东西沙漠构成河谷流域的天然屏障,地理上的相对孤立使古埃及文明在早期能够相对稳定独立地发展。尼罗河提供丰富的水资源,也连接沿岸的定居点,是古代世界的伟大航道。人们根据河水的涨落将一年分为泛滥季(7 月—10 月)、生长季(11 月—2 月)与干旱季(3 月—6 月),通过盆地灌溉法储存淡水,灌溉农田,并用水位尺预测丰歉,预防饥荒。这种农业模式促成了集权政治的产生,掌握尼罗河资源和知识的上层阶级控制了经济、军事和管理体系。在精神层面,河水涨落的节律孕育了关于循环和"生命复新"的观念,成为古埃及文明的重要基石。

众神初现

根植于自然地理环境的宇宙观

日复一日,太阳东升西落;年复一年,尼罗河水泛滥又退去。对立统一、循环往复的自然节律促生了秩序与混乱对立共生的宇宙观。为战胜混乱带来的恐惧,古埃及人将对大自然的认知演绎为上千个神祇的形象,通过供奉众神来维护宇宙秩序。根植于自然地理环境的宇宙观,使古埃及人很早就形成了自己的文化归属感与文化凝聚力,推动了王权的诞生和早期国家的形成。

两女神黄金挂坠(局部)
第 22 王朝
埃及国家博物馆藏

创世之前

原始之水

根据古埃及人的想象，世界的原初形态是一片虚无。在创世之举发生前，原始之水充斥整个世界。那时没有神、没有人，亦无时空、生命和死亡的概念，唯有黑暗笼罩着的原始之水充斥着整个世界。

原始之丘

原始之水中的淤泥逐渐凝结，形成原始之丘浮现于水面，使创世神有了立足之地，得以进行后续的创世活动。这样的想象来源于古埃及人观察到的尼罗河每年泛滥结束后的景象：洪水退去，陆地显现。

创世神话及诸神谱系

创世不是一次性的、"完成式"的过程，而是需要不断重复和验证的行为。在创世之前，混乱曾统治一切，因此重复创世的前提是毁灭。创世本身就蕴含了衰亡的种子，只有通过老化和衰亡才能再生和复活。

关于创世的具体方式，古埃及人有不同想象，主要有与孟菲斯、赫里欧波利斯、赫尔摩波利斯等重要的崇拜中心相关的几大起源说和诸神谱系。在古埃及，每个地区有自己的主神，但这不表示他们会不承认其他地区的神明系统。相反，在历史过程中不同地区的神明有时会结合为一，体现在名字或形象的融合上。

孟菲斯神系

孟菲斯是古王国时期的首都，位于现开罗西南部。孟菲斯神话体系以当地的工匠之神普塔为世界的创造者，普塔先天地而生，以思想和语言创世。普塔与其妻塞赫迈特和孩子涅斐尔图姆构成"孟菲斯三柱神"，但目前并无将此三柱神与创世联系起来的权威神话文本。

赫里欧波利斯神系

赫里欧波利斯是古王国时期的政治宗教文化中心，位于现开罗东北市郊。赫里欧波利斯神系是最广为人知的神系，以太阳神为首的古埃及"九柱神"就来源于此。在这个系统中，太阳神生出空气（舒）与水汽（泰芙努特），此二者生下天（努特）和地（盖布），天地结合诞下奥西里斯、伊西斯、塞特与奈芙提斯四个子女，四者为世界一切的创造者。

赫尔摩波利斯神系

赫尔摩波利斯位于现埃及中北部的明亚省。此神系认为在世界之初的混沌中有四对神祇，分别为水、无限、黑暗、隐匿四种概念的阴性和阳性。他们将创世神从原始之水中释放，使其苏醒。

底比斯神系

底比斯大约位于现埃及中部尼罗河东岸地区的卢克索。此神系的创世神名为阿蒙，与其妻子穆特共同创造了世界，并育有月神孔苏，三者构成"底比斯三柱神"。新王国时期，伴随底比斯贵族掌权，地方神阿蒙在帝国范围内普遍受到崇拜。

王权神话

赫里欧波利斯神系中的奥西里斯神话，是古埃及人秩序观的政治表达，也是古埃及王权理念的神学基础。奥西里斯代表大地和人类的繁殖力以及正常的秩序，塞特象征着贫瘠和大自然的破坏力。奥西里斯的妻子伊西斯帮助被塞特谋杀的丈夫复活，他们的遗腹子荷鲁斯最终打败塞特，夺回王位，秩序最终战胜混乱。在世的国王是荷鲁斯在人间的化身，而国王在死后可以进入冥界之主奥西里斯的领域并穿越死亡的门槛，完成复活，如此也将王权的合法性与对来世的追求糅合。

诸神有象

对自然力量加以神化，是人们化"不可知"为"可知"，化"不可控"为"可控"的一种手段。古埃及神祇多达上千个，各司其职。神有种种变形，谱系不定，有动物形、人形、半人半动物形，以及抽象概念拟人化的形象。

古埃及众神还有一神多形和多神合一的特点。有时出于政治需要，几个强大的神会被结合为一体，如阿蒙-拉神的结合；更多的则是成对的配偶神，以及加上他们的儿女后组成的多神组，如奥西里斯和伊西斯与他们的儿子荷鲁斯。神祇家族的谱系并不固定，如塞特有时是荷鲁斯的叔叔，有时又成了他的兄长；阿蒙的妻子在底比斯是穆特，在赫尔摩波利斯则是阿蒙特。

凯布利 Khepri

象征在东方地平线升起的日轮，常见形象为圣甲虫，有时也表现为蜣螂头人身。古埃及人观察到蜣螂推着粪球，就像太阳升上天空。

拉 Re

"拉"是古埃及语中对太阳的称呼。拉神堪称古埃及最重要的神祇，他的力量贯穿天界、人间与冥世。形象为伸出翅膀的日轮，或是鹰隼头、公羊头或圣甲虫头的男子，有时也表现为头戴日轮的隼。

阿吞 Aten

光芒四射的日轮。名为"阿吞"的太阳神在新王国中期正式登场，形象为鹰隼头人身。埃赫纳吞宗教改革时期阿吞地位跃升，被刻画为底部有圣蛇的日轮，光芒末端为手的形状，有些持有安柯符号。

阿蒙 Amun

名字意为隐匿、看不见。原为底比斯地方神，后地位提升至埃及的至高神，被认为是远古的创世神，甚至成为"众神之王"。常为人形，着短裙和羽织上衣，头顶双羽王冠，有时也以羊头人身的形象出现，象征物有角部卷曲的公羊、狮子、巨蛇、埃及雁等。

阿蒙-拉 Amun-Re

底比斯贵族建立第18王朝后，底比斯主神阿蒙和赫里欧波利斯主神拉的融合，成为显赫的国家神，被称为真理之主、众神之王、一切造物的创造者。形象是戴着双羽冠和假胡子的男性。

拉-哈拉凯悌 Re-Horakhty

拉的另一种形态，与荷鲁斯合并，名字含义为"地平线上的荷鲁斯"，代表太阳升起的刹那，象征重生与希望。

阿图姆 Atum

黄昏时的太阳。赫里欧波利斯神系中的原初大神，是"自生之神"，整个世界经由他从混沌中诞生。阿图姆在原始之丘生出第一对神：空气之神舒——头上插着鸵鸟羽毛的男性，和水汽之神泰芙努特——狮首人身，头顶日轮，被眼镜蛇环绕。舒与泰芙努特生下大地之神盖布——男性形象，和天空之神努特——身上布满星辰的女性形象。

涅斐尔图姆 Nefertum

香气与疗愈之神，表现为头顶莲花的年轻男性形象。涅斐尔图姆诞生于原初之水中浮现的莲花，在《金字塔铭文》中，他被称为"拉神鼻尖前的花"。涅斐尔图姆最初可能是阿图姆的一个侧面,在每次日出时出生,白天长大成熟变成阿图姆,又在每次日落时进入死亡世界。因独自一人的孤独而落泪,其泪水创造了人性。

奥西里斯 Osiris

最初的法老,冥界之王,丰饶之神。通常表现为僵直的站姿或坐姿,一般佩戴白冠或阿泰夫王冠,手持权杖和连枷,身体为被包裹的木乃伊形象。

伊西斯 Isis

奥西里斯的妻子,生命、健康的守护神,王座之神。后期吸纳其他女神的特征,尤其是哈托尔佩戴的两侧牛角与太阳圆盘的造型,二者难以区分,常被等同为一位神明,既拥有伊西斯强大的魔法力量,还司掌与哈托尔密切相关的音乐和舞蹈。伊西斯哺乳荷鲁斯的形象是古埃及艺术中一个盛行的母题,象征着女神在传递神圣王权层面的核心作用。

塞特 Seth

沙漠、混乱、风暴之神,形象为豺狼或土豚头、人身。在王权神话中,塞特两次杀死奥西里斯,后被荷鲁斯战胜。

奈芙提斯 Nephthys

名字意为"大宅的女主人",头部常顶着代表其名字的象形文字符号。王权神话中,奈芙提斯是塞特的妻子,但她始终支持着奥西里斯和伊西斯,似乎从未站在塞特的一边。当奥西里斯被谋杀时,两位女神一起寻找他的下落、拼凑起他的尸体并守护他。

荷鲁斯 Horus

有多重神性,是天空之神、太阳神、王权之神,是鹰隼崇拜的核心。荷鲁斯可以化身为人、鹰或鹰首人身的形态,通常头戴白冠。太阳神拉、战神孟图、索卡尔等也具有鹰隼或鹰头人身的形象。

哈珀克雷特斯 Harpocrates

男性孩童神,常表现为手指放在嘴边的孩童,象征谨慎和沉默。是孩童时期不会说话的荷鲁斯,也被视为秘密的守护者和抵御邪恶势力的保护神。

伊蒙荷太普 Imhotep

智慧与医疗之神。最初仅为凡人,是第3王朝时期乔赛尔的宰相,第一座金字塔的设计者,被追封为神。

贝斯 Bes

日常生活、欢愉、音乐的守护神,可能最初是非洲南部或西亚的外来神。常表现为赤裸的矮人,头上长着狮子鬃毛,面颊蓄须,张嘴吐舌。是贴近百姓的民间保护神,被供奉在家室之内,其形象不仅见于宗教物品,也频繁出现在家具用品如镜子、床、椅子等物件上。

阿努比斯 Anubis

丧葬神,掌管木乃伊制作、亡灵的引渡和审判。头部原型是犬科动物,具体物种尚不确定,一般认为是豺狼。

图特 Thoth

月神、智慧之神、知识之神,也是书吏的守护神。在冥界的审判中记录称心仪式的结果,古埃及人认为其坚持真理、恪守公平。朱鹭首人身,也会直接以朱鹭或狒狒的形象出现。

巴斯泰特 Bastet

最初为战争女神,后与狮子女神塞赫迈特融合,温柔时为猫,愤怒时为狮。猫首人身的巴斯泰特常手持叉铃,司欢愉、音乐,是家宅的守护神和母性的象征。以拉神之猫的形象出现时，表现为完全的猫形。和其他母狮女神一样，巴斯泰特被看作太阳神"拉"的女儿、"拉神之眼"的化身，也是与月亮相关的"月之眼"。

塞赫迈特 Sekhmet

战争和治愈之神，兼具破坏和恢复的力量，被视为拉神的女儿，是太阳神之"眼"最重要的化身之一，在此身份上与哈托尔联系紧密。塞赫迈特也与国王的力量相关联，《金字塔铭文》中提及塞赫迈特孕育了国王。表现为狮首女神，有时也被刻画成完全的狮子形态。

哈托尔 Hathor

爱情、音乐、妇女的守护神，与其他神的关联目前无统一说法，一般认为是荷鲁斯之妻，拉之女。头顶牛角和日轮，牛首人身，或直接以牛形象出现。在关于人类毁灭的神话中，曾化身暴虐的拉神之眼，人们在宗教仪式与节庆里依靠乐舞来安抚女神，以平息她的愤怒。

奈赫贝特 Nekhbet

上埃及的守护神，秃鹫女神，与眼镜蛇女神瓦杰特一起成为埃及统一后的两位守护神。由于和瓦杰特发生了同化，有时奈赫贝特也会被刻画为蛇的形态，戴白冠以表明身份。

瓦杰特 Wadjet

下埃及的守护神，形态是昂起头、呈进攻姿态的眼镜蛇，头顶常戴有日轮。

阿匹斯 Apis

神牛，象征繁殖、再生与力量。一般为通体黑色、额头有白色印记的公牛，被祭司从全埃及的牛群中选出，豢养在孟菲斯的普塔神庙中，参与仪式活动，并为信众提供神谕。对神牛阿匹斯的崇拜从第1王朝时期延续到希腊罗马时期。

阿波菲斯 Apophis

大蛇，消亡、黑暗、破坏的化身，太阳神的宿敌。太阳神在每个夜晚穿越冥界，阿波菲斯会在此间袭击太阳船，然后被击败，又在次日夜晚卷土重来，如此往复。

索贝克 Sobek

尼罗河守护神，以鳄鱼形象出现。鳄鱼也象征着国王的权柄与力量。

塔沃瑞特 Taweret

孕妇与婴儿守护神，丰产和繁育的象征。河马首人身，狮足，鳄鱼尾。

穆特 Mut

阿蒙之妻，诸神之母，也是国王之母。古埃及的王后被视为穆特的化身，新王国时期的王后通常佩戴秃鹫形的头饰。早期形象为狮首女神，后以女性人形为主，头戴秃鹫头饰和白冠或双冠。

玛阿特 Maat

真理和秩序女神，通常为头顶羽毛的女性形象。末日审判的天平上，用于和心脏比重的鸵鸟羽毛是她的专属符号。

普塔 Ptah

孟菲斯地区的创世主神，孟菲斯之主，工匠守护神。通常表现为站立的木乃伊，身穿裹尸布，手持权杖，有时又以侏儒形象出现。

索卡尔 Soker

孟菲斯地区的鹰神，其象征意义后又与工匠和墓葬有关。

普塔 – 索卡尔 Ptah-Soker

普塔和索卡尔的结合体，在奥西里斯崇拜兴盛之后，又与奥西里斯合体，成为普塔 - 索卡尔 - 奥西里斯。常在木雕中以头顶羊角、日轮和鸵鸟羽的木乃伊形象出现。

与神同行

神之居所

从前王朝末期至早王朝时期，原本分散各地的神明崇拜，逐渐统一在以王廷为中心的崇拜系统之下。官方崇拜主要环绕国王的神性根源和与神的关系而进行，在各崇拜中心建立庙宇，并组织神职人员，逐渐形成了一个全埃及的神庙系统。

神庙有其土地以及耕作的农民，以提供神庙中各式祭典活动和神职人员所需的物资。不同神庙间可以建立某种关系，如通过神之间的亲属关系等，神庙之间也相应地有所往来。

祭司

埃及祭司有多个层级，工作类别多样，大多数神庙的祭司包括可进入圣殿的"神之仆"和负责非仪式性工作的"净化"祭司。在每一个神庙中，国王为名义上的大祭司，主持各式祭仪。

新王国时期出现了一种特殊的女性神职——阿蒙神妻，许多著名的王后和公主都担任过这个职位。当时主神阿蒙的祭司集团势力强大，于是国王根据神圣诞生神话，即国王由王室女性与阿蒙神生下，而创造了阿蒙神妻这一职位，并任命王室女性担任。该职位反映了王室和祭司集团之间的权力博弈。

宗教仪式与庆典

神庙建筑及其中的神像、浮雕等，与文献资料结合，提供了关于宗教活动的视觉想象。神庙中的活动大致分为两类：日常祭祀与节庆祭典。日常祭祀在各个神庙中类似，包括在早晨为神明盥洗、着装、进餐，以及午餐和晚餐祭祀。节庆祭典活动则视每个神庙所奉祀神明及相关神话而不同。

在百姓的生活中，还有各式地方神的崇拜，多半为个人求福。因为在宇宙观上有基本的一致性，譬如对死后世界和奥西里斯的信仰等，所以民间崇拜不会与官方崇拜冲突。在神圣动物崇拜中心，人们购买对应特定神明的动物木乃伊和祈愿小雕像，与供品一起堆放在神庙与圣坛处，祭司们会将其集中埋入神庙外围区域或专门的地下墓穴中。

护身符

神的形象被做成护身符，刻上咒语，在人们生前和死后都会佩戴。与神同行，可以将混乱无序的自然之力，转变为保护人类的神圣力量。已知的古埃及护身符约有 275 种，最早的发现于前王朝时期的墓葬中。

宗教改革

第 18 王朝国王埃赫纳吞，在即位第 5 年开始推行"宗教改革"，唯尊太阳神阿吞，禁止崇拜其他神，甚至"神"这个词的复数形式都不能出现，同时建立了一种崭新的、简化的崇拜仪式，废除传统宗教的一切繁文缛节。这一时期的艺术亦呈现新的样式，被称为"阿玛尔纳风格"。埃赫纳吞去世后，他的新宗教随之终结，传统宗教卷土重来。

石灰岩双蛇狮鹫饰板（局部）
希腊罗马时期
埃及国家博物馆藏

三界合一

国王作为维护秩序的核心

神人关系和谐、王权与神权结合，是古埃及人信仰世界的突出特点。神创造世界及其秩序，人以维持秩序的方式对神表示感激，而国王是维护秩序的核心。在古埃及辞书的分类中，神、人、死者分属天界、地界、冥界，而国王同时属于三界——他是神与人之间的中介，又是人间的法官，还是死者的保护人。人们相信国王决定着国家兴衰，维护着社会和自然界的秩序。

王权与神权

根据古埃及神话，神创造的是完美无瑕的世界，支持这个世界运转的秩序被称为玛阿特。每位国王被赋予权力的同时，也肩负起维护玛阿特的责任。他将维护神明所创造的完美世界的秩序，以表人类对神明的回报和感激。基于这种关系，国王和神得以交流，神的创世和人的虔敬都有了积极的意义。

在人间，国王和神之间的关系是互动的。如国王维持公正，保护国土不受侵犯，国内一切就会有序。通过组织大规模的人力物力修建王陵和神庙，全国范围的专制王权得以确立。古埃及社会的大多数人参与到公共事务中去，并得到相应的回报，这也刺激了农业生产，使农业体系能创造出更丰富的产品。

王权符号

 王冠

白冠：由上埃及统治者佩戴。

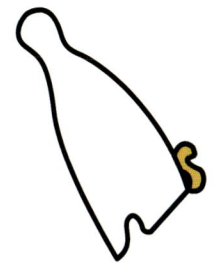

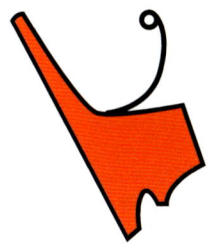

红冠：由下埃及统治者佩戴。

红白双冠：将上下埃及的王冠结合，表明国王统治的是一个统一的国家。

阿泰夫王冠：通常在宗教仪式中佩戴，形似白冠，两侧有象征公平与正义的羽毛，太阳圆盘和水平的公羊角为选配。

蓝冠：新王国时期的国王在军事活动中佩戴的王冠，出现时间较晚。

尼美斯：头巾本身并不是王冠，但仍象征着法老的权力。

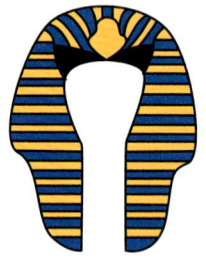

🦅 王衔

荷鲁斯名：最古老的王衔。荷鲁斯站立在方形的塞拉赫王名框之上，塞拉赫表示王宫正立面大门层叠的图像，王名被写于其中的空白处。

两女神名：两位女神分别指上埃及女神奈赫贝特和下埃及女神瓦杰特，此名是为了强调国王同时对上下埃及的统治。

金荷鲁斯名：荷鲁斯站在表示黄金的符号上。荷鲁斯表明国王的王权，金表示国王的永恒和不朽。

登基名/树蜂衔：国王登基后才会拥有的名字。其中"树"指象征上埃及的芦苇，蜜蜂则代表下埃及；树蜂下各有两个半圆形，象征上下埃及两片国土。

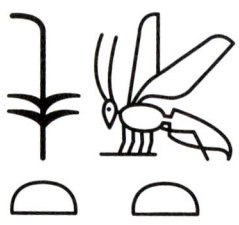

拉神之子名 / 出生名 / 本名：每位国王出生后取的名字，也就是私人名字。

* 观展提示：在展厅中，所有能辨识身份的国王雕像，右侧均放置拉神之子名，左侧为登基名。

国家的统一与治理

在实现国家统一前，埃及南部最早出现了较为统一的区域性文化，以涅伽达文化为中心扩散，影响了埃及的其他文化群落。从历史遗存来看，南部的墓葬规格也普遍超越北方的尼罗河三角洲地区。以此为依据，可以做出一种推断，即最早的王权和国家起源于埃及南方，再一路北上完成国家统一。在公元前 3000 年左右完成统一后，虽然间杂有短暂的分裂期，埃及的大一统一直延续到公元前 7 世纪被亚述征服之时。

诺姆（行政区划，参见本书 p10—11）

埃及统一前就形成的小型政治单位，类似于希腊"城邦"的概念，每个诺姆通常有自己的领导人和军队。在埃及统一后，各个诺姆全部归属于国王的中央政权，国王有权任免诺姆长官。在古埃及王朝的多数时候，上埃及有 22 个诺姆，下埃及则有 20 个。

人口

古埃及人并非一个单纯的民族，而是北非当地民族与两河流域民族、西亚民族及周边游牧部族等不断融合的结果，且南北方居民外貌或有差别，研究认为当时南方居民更接近非洲原住民。

王表与历史时期（参见本书 p16—21）

目前留存的许多年鉴和王表表明，古埃及人有记录历史的习惯，但历史并不按照线性的时间轴被记载。古埃及人认为时间是循环的，每个新王的上位都意味着时间线的重启，这导致每个时期的历史记载都存在大量雷同内容，举国上下对国王的忠诚也导致了许多伪造或是夸大的成分，给现在的研究和解读带来一定难度。

目前通用的王表主要基于托勒密时期的埃及祭司曼涅托的研究。现代学者在曼涅托王表基础上将历史时期划分为"古王国""中王国""新王国"等几个时期，又加入"中间期"概念，表示两个相对统一时期之间的混乱阶段，但具体划分方式仍存在争议。

古王国和中王国是古埃及文明的金字塔时代，国王是秩序与完美的化身，追求永恒来世的金字塔工程造就了高度发达的管理体系和稳定的等级社会。经过第一中间期的混乱，中王国时期的国王以重建秩序为己任，文化领域进入繁荣的古典时代。新王国是古埃及历史的重要转型期，经历了发展帝国、宗教改革、文化复兴三个阶段；宏伟的神庙是这一时期的文化符号，国王被称为法老，他们在神庙和大型纪念物上记载战功、塑造巨像。

石灰岩彩绘碑（局部）
第 20 王朝
埃及国家博物馆藏

仪式生活

社会结构与生活图景

古埃及社会大致可以分为统治阶级和被统治阶级。

法老是国家最高统治者和大祭司，同时拥有最高政治权力和宗教权力。宰相以国王的名义代为处理行政事宜，如经济和法律事务。军事长官掌握军权，统领全埃及的军队。上述三个重要官职与各级官吏和各大神庙的祭司形成统治阶级。

被统治阶级主要由军人、工人、农民、牧人构成，为王室提供劳动以换取报酬。平民的日常生活以农耕为主，借由尼罗河泛滥带来的肥沃土地，古埃及人种植小麦作为主要的食物来源，进而衍生出制作面包和啤酒的工艺。在农闲时期，也有许多人会为王室提供劳动来赚取额外报酬，例如参与陵墓和神庙的修建及维护工作。

生活图景

面包与啤酒

不仅是主要食物来源，也作为货币流通，例如建造金字塔的工人的薪酬，就以面包和啤酒支付。

船只

主要的交通工具，也是尼罗河上效率极高的运输工具。自第 5 王朝开始，埃及的大船已远达非洲的索马里，远程贸易成为经济生活的重要部分。

化妆

古埃及人在公元前 4000 年左右就开始研磨矿石，以获得各色颜料。调色板是前王朝和早王朝时期的重要文物类型，研磨矿物粉末，用于化妆、身体彩绘以及书写，并逐渐从小型实用器转化为绘有不同宗教含义图像的仪式礼器，后转化为纪念性的石板。最负盛名的纳尔迈调色板，提供了关于早期政治组织和宗教实践的直接证据。

由于气候炎热，为了保持清爽和卫生，古埃及人有剃光头发和胡须的习惯。作为替代，他们一般佩戴假发。

首饰

古埃及人擅长制作珠串首饰，偏爱各类贵金属和宝石。工匠对原料进行切割、钻孔、抛光，也擅长使用黄金。一些首饰与宗教仪式或王室活动相关，也作为陪葬品，彰显死者身份与审美情趣。

黄金被视为神的血肉，也是太阳神的象征。绿松石和青金石被认为具有保护佩戴者免受灾厄侵害的神圣能力。红玉髓因其色泽而象征鲜血与生命，并和太阳神的力量相联系。以黄金、青金石、绿松石和各种半宝石制成的珠宝首饰深受贵族阶层的喜爱，其样式和具体的神灵信仰相关。

彩绘木制化妆勺

黄金瓦赛赫项圈

带有塞提二世和塔斯沃特王后王名的黄金王冠

木制彩绘太阳船模型

仆人酿啤酒像

仪式生活

古埃及人很早就意识到了自然界的变幻莫测。他们试图用神话解释自然万物的变化，用各类仪式和魔法与神明沟通，以达到趋吉避祸的目的。这些仪式往往配合着自然的节律和星象的变化。从供奉诸神到祭祀祖先，从国王加冕到亡者下葬，古埃及人生活在仪式的世界里，以这种方式化无常为恒常。

造像传统

雕像一词在古埃及语中的含义是"使他存活着"，作为雕像主人的化身以保持不朽，也是古埃及精英阶层身份的表达。神明雕像则更多是为了表达对神的崇敬。

得益于埃及丰富的矿产资源，雕像材质多种多样。花岗岩、闪长岩、石灰岩、石英岩等材料相对容易造型，通常用于制作较大型的雕像；比较小的雕像则在石材之外，还会用到木、青铜、费昂斯等材料。

国王雕像

国王彰显王权的首要方式是为自己造像，国王像本身也能作为人界与神界之间的媒介，接受人们的祭祀和祈愿。雕像的外观受到礼法的严格规范，一般以花岗岩、玄武岩等高级石材塑造。

通过更改雕像上的名字，古埃及法老得以挪用先王雕像，这反映了埃及王权的一种政治逻辑，即以杰出先王的荣光来强化当代国王的合法性和权威性。

国王与神成组的群像，旨在展示君主的神性。对神的崇拜可以庇护国王的生命力，代表其王位的合法性，同时也使他神化。

描绘雕像制造过程的浮雕

哈特谢普苏特跪像

仪式生活 社会结构与生活图景

贵族雕像

今天所见的古埃及贵族造像，多为墓葬中使用的"卡雕像"，即用于墓主死后的供奉仪式，因此也和国王雕像一样具有程式化、标准化的特点。作为精英阶层的身份表达，雕像上通常刻有人名、头衔和祈祷文，确保墓主在现世和来世都获得"永生"。

造型上较为特殊的有两类雕像——抱碑像和方雕。前者，人像跪在墓碑之后，碑上刻有神的颂歌，以求神明护佑，后来石碑演变为内嵌神像的神龛造型。方雕则是从一整块石头中雕出的人像，通常放置在神庙中，人物一般被刻画成双手抱膝的蹲姿，身体细节不明显，整体呈现为方形。

壁画

古埃及人有着细致的观察力和对形体结构的精准把握，其绘画与雕刻同样精湛。古埃及最早的绘画出现在陶罐等器物上，后逐渐转移到神庙、墓葬建筑壁面。神庙壁画内容主要有国王的祭典活动、战争记录等，是对王权与神权的展演，彰显国王作为世间秩序维护者的威严。墓室壁画是在《金字塔铭文》基础上发展出的图、文结合形式，见于国王、贵族、官僚阶层墓葬，是对身份和地位的彰显，表达理想的日常生活、葬礼活动等，有时也涉及历史事件。

壁画中的人物形象刻画遵循"正面律"，即展现头部和下半身的侧面，除此以外的眼睛和躯干都以正面展示，将人物以明显的面部和腿部线条区分，使人物以最具完整性的方式呈现。

内萨蒙之子霍尔的方雕　　怀抱阿蒙神龛的玛胡赫跪像　　尼布阿蒙墓室壁画

斯文斯道

文字及其书写者

文字的发明是人类历史上的重要里程碑，被视为文明的灵魂。近年来考古发现表明，古埃及可能在公元前3320年就创造了世界上最早的文字，这些文字不仅用于记录语言，还与国家管理和经济活动密切相关。

双语、三种文字石碑
罗马埃及时期
埃及国家博物馆藏

古埃及文字

文字是古埃及人描绘和建构世界的尝试,常见于神庙和纪念物上,与绘画共同表达内容。尽管古埃及文字大多取材自本土的动植物而具有象形性,但其符号的意义往往是换喻的,并不直接对应图像。

古埃及文字有圣书体、祭司体和世俗体三种形态。圣书体是最早且使用最多的形式,由表意、表音和限定符号构成,能够精确表达复杂信息。祭司体和世俗体则是圣书体的简化版本,用于更快速的书写。希腊化时期开始,各种书体逐渐字母化,最终结果是科普特语的产生,其字母包含22个希腊字母以及少量世俗体符号。

书写工具

调色板与芦苇笔

调色板和笔都是古埃及书吏的书写工具,有时会成套设计,如调色板上同时包含放墨水和笔的凹槽。芦苇笔来源于芦苇的茎秆,笔直中空,构造与羽毛笔类似,用于蘸取墨水并书写在莎草纸上。

莎草纸

生长在尼罗河三角洲的纸莎草,在古埃及人的日常生活中不可或缺。纸莎草最重要的用途是制作用于书写的莎草纸,将茎秆中的髓条压制干燥而成,可以整张或切成片使用。

陶石片

陶石片指用于书写的碎陶器或石灰岩碎片,这些材料易得且适合书写或绘画,被广泛用于非正式笔记、草稿、书信、清单和行政记录。

书吏与智慧之神图特

书吏

古王国时期的识字率极低,而书吏是少数能掌握读写能力、专门为统治阶级服务的知识阶层,他们在政治、经济、宗教中扮演重要角色,地位神圣。

通过展现文字才能而逐步晋升,这是平民提高社会地位的唯一途径。成为书吏需接受长期教育,包括识字、算术、几何和宗教知识。各地设有书吏学校以培养未来官员,优秀者有望被提拔,参与政府决策。

研墨调色板

调色板

带芦苇笔的木制调色板

书吏的守护者

图特被认为是象形文字的发明者。他最初是月神,后来成为书写与知识的守护神,有朱鹭和狒狒两种化身。图特负责记载神言和保管记录,掌管时间、知识与魔法,又因在"末日审判"中记载称心结果而被视为公正与诚实的象征。

古埃及文字的破译

希腊罗马时期,埃及官方语言为希腊语,但世俗埃及语仍被使用,多语对照的文本是破译古埃及语的重要助力。法国埃及学家和语言学家商博良借鉴汉语概念,取得了对圣书体的初步破译,奠定了未来研究的基础。

从文字切入——近代中国的埃及学萌芽

中国与古埃及的文字有异曲同工之处。当清末官员初次见到古埃及石碑时,采用金石学的方法进行研究,制作复制品、拓片,并模仿古埃及石碑的图案和铭文进行创作。清廷官员斌椿于同治五年(1866)出游欧洲,在日记中描述金字塔石块上的文字"如古钟鼎文";同行的张德彝也记述埃及文"字如鸟篆"。1906 年,端方在出洋考察回国途中停留开罗一日,带回了数块石碑,并以拓片的形式赠予友人,用其独特的东方学者及金石学家的视角,带来与西方不同的对古埃及文字的记录与解读。

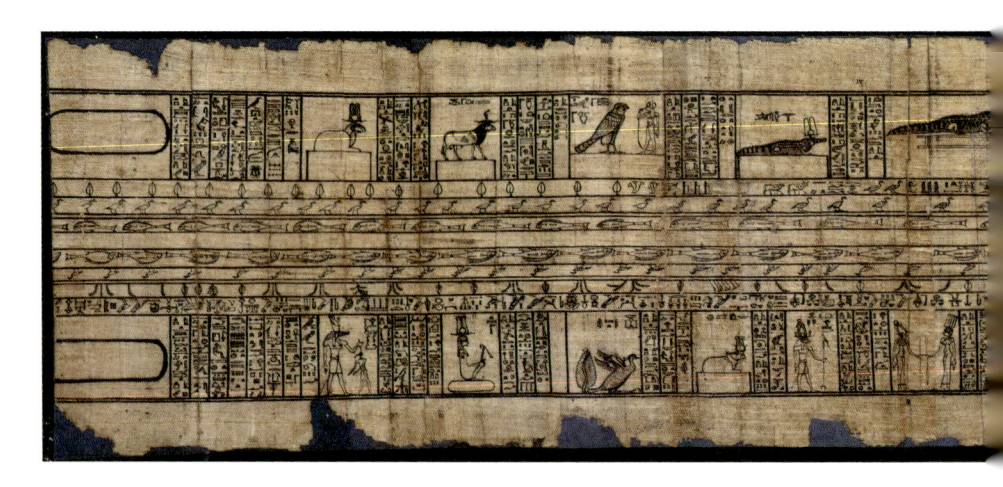

地理纸莎草纸

斯文斯道 文字及其书写者

包金朱鹭像

狒狒形图特像

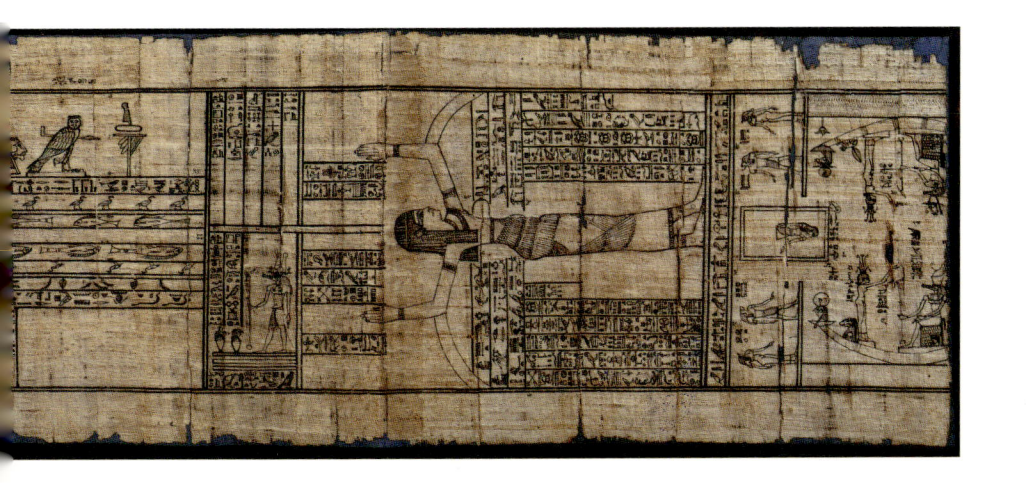

交融再造

古埃及与地中海世界

地中海地区的古代文明，在多元起源与冲突交融中，从分散走向整合。西亚和希腊的农业与游牧地区交织发展，形成独具特色的城邦国家，经历了小国——王国——帝国的发展进程；埃及则在相对稳定的外部环境中，成为早期独立发展的农业国家。进入铁器时代，伴随货币的出现和广泛使用，青铜时代晚期中断的贸易网络重新恢复，军事技术的发展打破西亚、北非、欧洲之间的区域壁垒，波斯、亚历山大、罗马帝国相继崛起，原来独立发展的地区渐趋一体化，最终被罗马统一。7世纪，阿拉伯人取代罗马统治埃及——在历史舞台的最后一幕中，古埃及文明经由尼罗河汇入地中海边更广阔的世界，在与其他文明的融合中得到永存。

带有阿努比斯和希腊语铭文的镀金木乃伊装饰布（局部）
希腊罗马时期
埃及国家博物馆藏

贸易网络

自史前时期开始，埃及就已经是地中海贸易网络的重要环节。约在公元前4000年，埃及与东地中海地区建立了贝壳贸易网络，三角洲东部沿地中海到达叙利亚、迦南等地的贸易路线被称为"荷鲁斯之路"。铜、雪松、青金石等，都是埃及长期需求的交换品。托勒密时期至罗马统治时期，埃及成为罗马帝国最大的粮食供应地。

语言融合

古埃及文字是一个相对稳定的系统，然而在托勒密时期和罗马埃及时期，简化的希腊文字对其造成了一定冲击，使之变得多元。与此同时，一些祭司为了巩固自身地位而故意将埃及文字变得复杂而晦涩，加速了圣书体的消亡，最终导致语言及文字体系随之衰落。

宗教变迁

当希腊罗马文明遇到埃及文明，前者对后者的本土神祇进行辨认、选择，并把其中一些与自己的神融合，打造出一批新神。在宗教融合的大潮中，伊西斯综合了埃及本土和地中海各地众神的职司，被赋予创世神、救世主、家庭保护神等特质，最终成为古希腊罗马世界最具影响力的普世女神。

政权更迭之后，古埃及文明及其宗教信仰对于后世的影响依然显著，神庙等神圣场所的传统和组织在很多方面塑造着新宗教的诞生。文艺复兴以来，无数探险家、旅行者和学者也被吸引至此，试图破解其中的奥秘。

后期埃及的伊西斯哺育荷鲁斯（哈珀克雷特斯）

托勒密时期的木乃伊肖像画

回归永恒

丧葬仪式与来世信仰

古埃及的宗教体系以"来世信仰"为核心，并与王权的合法性相糅合，是巩固王权的重要统治手段。来世信仰在王权更迭的过程中逐渐大众化，墓葬习俗和节日庆典得以广泛传播。贵族和宗教精英利用这一信仰，生产和消费奢侈品，举办仪式活动以凝聚人心、稳定社会。

建造陵墓、装饰墓室、准备随葬品、举行仪式、供奉死者等事项，不仅需要死者本人参与，还需其后代加入，涉及复杂的社会制度与财产制度。对丧葬仪式的制度安排，关系到人们的日常生活和经济利益。

扫码观看视频
《永恒的回归：灵魂之旅》

帝王谷 KV9 墓室天顶壁画（局部）

来世信仰

人在死后能获得永恒生命，这一来世信仰的宗教基础是奥西里斯神话。冥界之主奥西里斯是第一个获得永生之人。太阳神在夜间进入冥界，与奥西里斯相结合，完成每天的重生。

死亡而又复生成为创世的最后一个步骤，是宇宙规律的组成部分。每个人的死亡都是奥西里斯死亡神话的重复，人们通过对神的模仿来获得神所具有的重生之力，加入由死而生的生命循环周期。

来世信仰有三种表现形式，一为墓葬文学，二为上述内容的建筑与图像表达，三为围绕这些主题的宗教仪式和节日庆典。

墓葬文学

在公元前2500年的金字塔时代，国王和贵族的陵墓中就有了来世信仰的经典表述《金字塔铭文》，包括关于奥西里斯、伊西斯与荷鲁斯的记述，还有清洁仪式、奉献仪式、复活仪式的咒语，以及保护死者抵抗邪恶力量并防止尸体和墓葬被破坏的咒语等。类似的题材在中王国时期发展为《棺文》，出现在第11至第12王朝晚期的彩绘木棺和其他随葬品上，并已进入民间。新王国时期，国王使用更发达、更体系化的《来世之书》（也叫《密室之书》，与《冥世之书》不同），民间则盛行《亡灵书》（古埃及人称之为"有关重见天日的经文"）。这些文献被认为是指引死者进入来世的文本，帮助他们通过冥界的考验与磨难。

灵魂的构成

古埃及人认为，人由五个基本要素构成：卡、巴、名字、身体和影子。人的身体是最基本的要素，影子则跟随身体存在。"灵魂"的概念极为复杂，常见要素包括"巴"与"卡"。"卡"是物质性的生命力，需要不间断的供养；"巴"则接近现代人对灵魂的诠释，拥有性格、特征和欲望，通常被描绘为人面鸟身的形态。死者的身体和卡被认为留存在墓室里，巴则可以自由出入墓室。经历过死亡和仪式，人会转化为新的存在形式——"阿赫"，即能够与人互动、具有神圣力量的灵。

审判仪式

奥西里斯的审判，又被称为末日审判，在《亡灵书》中被描绘为这样的场景：死者的心脏被放在天平上与玛阿特羽毛相比。丧葬神阿努比斯负责称量，智慧之神图特记录结果。如果心脏重于羽毛，意味着亡者有罪，心脏将被阿马麦特吞噬而魂飞魄散；若心脏轻于羽毛，则表示无罪，死者将得以复活。

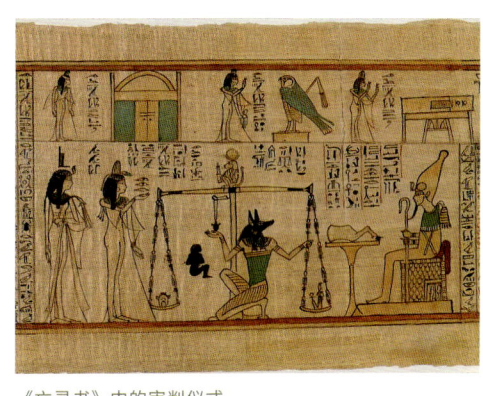

木制"巴"小雕像

《亡灵书》中的审判仪式

木乃伊制作

躯体的完整性是灵魂回归、获得永生的必要条件,因此死后身体的防腐处理就尤为重要。把死者的尸体制成木乃伊,死者的"巴"于是拥有了栖居的容器。

木乃伊的制作过程包括去除易腐烂的内脏、脱水、填塞香料、用亚麻布包裹尸体等,同时在各个部位放置护身符等物品帮助亡者顺利去往来世。

塞姆祭司将尸体制成木乃伊,并在包裹木乃伊时念诵咒语;他们还负责死者的开口仪式(详见本书 p48),因此备受尊敬。

木乃伊面具

面具旨在保护木乃伊的头部和上部躯干,确保死亡后主人能恢复其重要功能,例如呼吸和进食。面具也有维持面部特征的作用,使"巴"能够辨认出其主人的身躯,确保灵魂得以回归。

木乃伊肖像画

托勒密时期,希腊移民和本土埃及人在墓葬文化中,结合了希腊艺术与埃及宗教习俗。他们以木乃伊肖像画替代面具,对面部的描绘突破了古埃及的符号化风格,融入了写实主义的元素,体现了不同艺术传统的"联姻"。

指套

在由奥西里斯的复活而衍生出的墓葬文化中,至关重要的一点是,成功进入来世需要完整的身体。指套被认为可以保护死者免受魔法和物理的损害,有时也被用来替换死者身上缺失的手指。

托勒密时期的木乃伊面具及装饰配件

托勒密时期的木乃伊面具

黄金手指套(一组 5 件)

回归永恒　丧葬仪式与来世信仰

棺木

埃及的棺木有两种类型：长方形棺和人形棺。前一种通常为木制，后一种可能由木材、石头或是黏合材料（一种由亚麻布、莎草纸加上石膏或树胶压制而成的材料）制成。长方形木棺出现于古王国，盛行于中王国，棺内死者向左侧卧，面部对应的棺木外侧绘有一对"瓦杰特之眼"，象征死者从棺内望向棺外，等待在世之人的供奉。新王国时期，人形棺开始作为独立的棺木使用。

卡诺匹克罐

在制作木乃伊时，古埃及人会将四个特定内脏取出，经过防腐处理后放入卡诺匹克罐中随葬，以确保亡者在来世完整无缺地实现复活，死者的心脏则留在身体中。卡诺匹克罐得名于首次出土之地的希腊名（卡诺坡斯，位于尼罗河三角洲地区），而非古埃及人对它们的古称。其造型几经变迁，从最开始作为仪式器具的普通罐子，到中王国时期的人头盖罐，以及新王国第18王朝末期开始的荷鲁斯四子形象，最后不再用于盛装内脏而作为随葬品保留。

彩绘人形棺

雪花石膏卡诺匹克罐（4件）

中王国时期的彩绘木棺

🪲 护身符

《亡灵书》中提及了形式各样的护身符，用来保护肉体抵御伤害，并帮助死者通过审判。这些护身符在制作木乃伊时会被放置在人体不同的位置，例如圣甲虫护身符会被放置于心脏附近，以确保心脏在末日审判中保持缄默，避免其说出不利证词，以此帮助亡者顺利进入来世。

🪲 开口仪式

开口仪式中，祭司们念诵咒语，并使用鱼尾形刀触碰亡者的五官，激活木乃伊的生命力，使其恢复七窍的功能，包括口部的呼吸和进食。在《金字塔铭文》中便有荷鲁斯为奥西里斯执行开口仪式的记载。

永恒的居所

墓葬建筑对古埃及人来说是永恒的居所，是通往永生最基本的条件。一个理想的陵墓应该为墓主人提供优越的生活环境。为此，埃及人将日常用品随葬，希冀在来世继续享受高品质的生活。陵墓的设计和随葬品的品质随时代或墓主人身份地位的不同而异。在尼罗河沿岸的大部分地区，生者居住在东岸，墓地和祭庙都建在西岸，送葬队伍需要运送木乃伊渡过尼罗河。因此，河水与渡河就成为去往来世路途的象征。

🪲 墓碑

古埃及墓葬基本都是石制墓碑，最早只刻有墓主人的名字，后来还出现了墓主人的形象刻画，一般是描绘墓主人坐在满是供品的供桌前的场景。墓碑通常放置在墓前或墓室内，起到标识墓主人身份和祭品供奉位置（通常就在墓碑前）的作用。

🪲 假门、供桌

墓葬仪式中，假门和供桌都是最常见的元素。假门雕刻成门的样式，不具备实际开合功能，却是重要的仪式通道，它象征着通往来世的入口，连接死者灵魂与生者世界。供桌则能将食物和饮品等以神秘的方式送达死者，帮助其在冥界维持肉身的生命。

圣甲虫护身符（3件）

敏霍特佩姆哈特努石灰岩彩绘碑

马斯塔巴

在金字塔出现之前，国王和贵族的墓葬形式为马斯塔巴（音译自阿拉伯语，意为石凳），由地上和地下两部分构成，中间以竖井连接。地上部分是低矮的梯形平顶石构建筑，内设假门和献祭处；地下部分为葬室。

金字塔

马斯塔巴数量增加后，国王墓葬混在其中难以辨认，不足以彰显王威，第3王朝乔赛尔国王的宰相伊蒙荷太普设想出，将马斯塔巴从下到上逐渐缩小并叠加的建筑形式，由此建成古埃及第一座金字塔，也即梯形金字塔。后来的建造者又在阶梯间填入细小的石料，营造出光滑的外平面，金字塔的斜边才得以呈一条直线。进入金字塔时代以后，国王和贵族在墓制上有了严格的等级分化。金字塔的修建也推动了以墓葬经济为核心的再分配制度。

萨卡拉

萨卡拉是古埃及都城孟菲斯最重要的墓区，在萨卡拉共发现了第3到第13王朝的15座金字塔。在金字塔之外，萨卡拉也留下了各个时代宗教实践和仪式庆典的轨迹。2018年，埃及本土考古队开始在萨卡拉开展发掘工作。他们发现的巴斯泰特祭祀区遗址及其地下墓穴出土的近千个人形棺，入选美国《考古》（Archaeology）杂志评选的2020年世界十大考古新发现。作为古老的宗教中心，萨卡拉是古埃及人前往朝拜的宗教圣地，也是他们选择墓地之处，曾出现过三次造墓高峰，分别是早王朝与古王国时期、新王国后期（埃赫纳吞宗教改革之后）、第26王朝到希腊罗马时期。除了人类墓葬，萨卡拉北部地区也发现了巨大的动物木乃伊墓地，出土了朱鹭、鹰、狒狒和圣母牛等木乃伊。

帝王谷

帝王谷是古埃及新王国时期的国王与贵族陵墓区，位于底比斯西岸，共发现陵墓65个，以KV加数字形式编号，KV代表Kings' Valley，数字以发现顺序排序，著名的图坦卡蒙墓编号为KV62。帝王谷中陵墓从岩石中斜向下切割开凿，经由楼梯、走廊、一个或多个大厅，通往地下深处的墓室，地表则几乎无纪念性建筑，只有金字塔状的山崖俯瞰河谷。

帝王谷

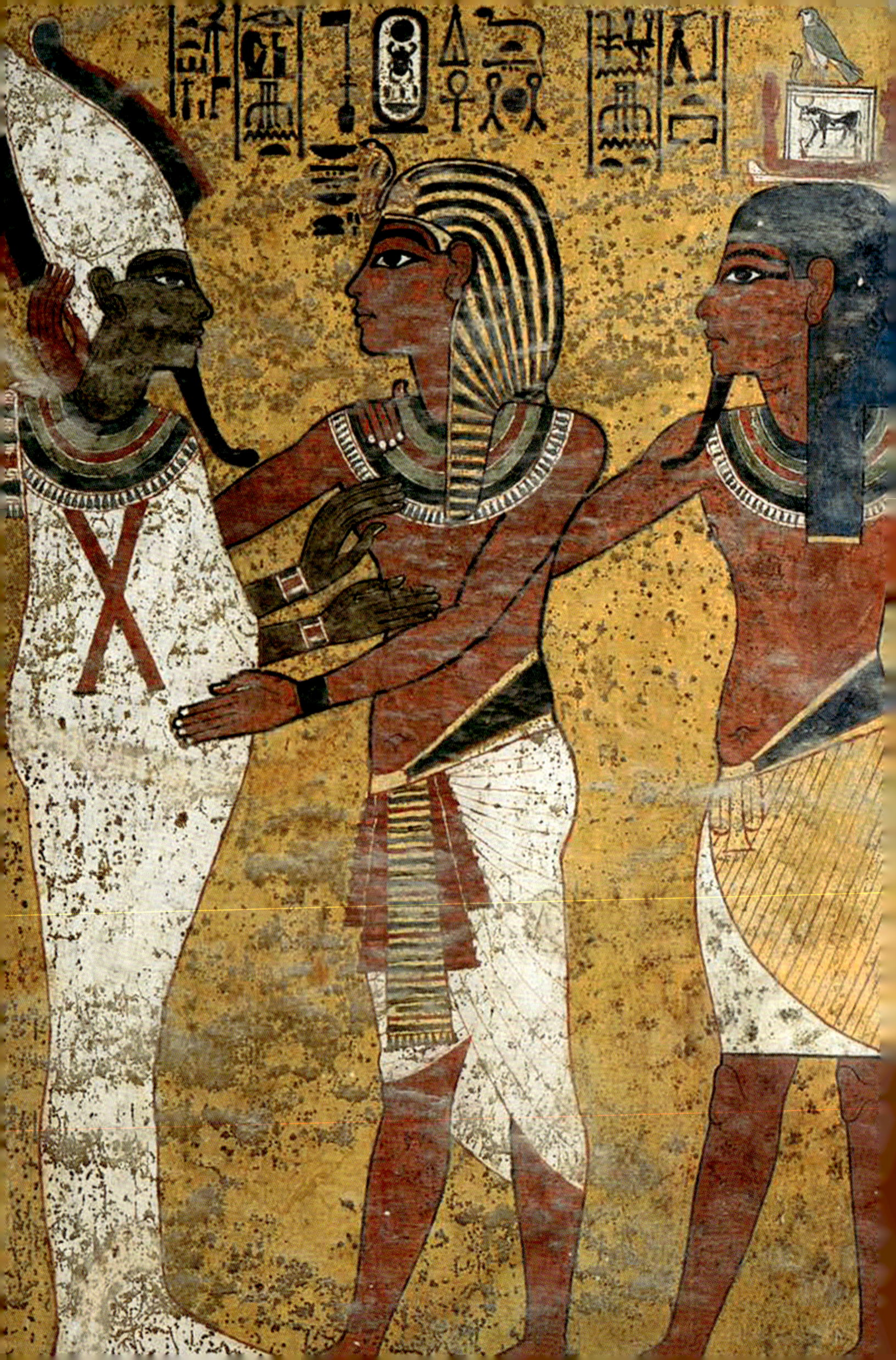

研究古埃及 4

"埃及学"的发展

古埃及人在建筑与墓葬中留下大量物件、图像与文字,但其本土文化,尤其是关于文字的知识,在文明演进的后期逐渐走向沉寂。欧洲人对埃及进行的想象和建构从希罗多德的时代就已开始。到了 18 世纪末,帝国崛起与文化扩张往往伴随着对异域古代艺术品的收藏。1789 年英法交战时期,拿破仑远征埃及,随军"科学艺术考察团"的记述、罗塞塔石碑的发现等,在西方世界掀起"埃及热"。1822 年,商博良破译象形文字,标志"埃及学"的诞生。对埃及的巨大兴趣引发冒险热潮,也带来破坏。19 世纪末,埃及学终于摆脱早期寻宝的动机,进入科学勘察、抢救、保护、整理和研究阶段。考古学家弗林德斯·皮特里(Flinders Petrie)第一个以严谨的科学方法在埃及进行发掘,采用分层揭露和顺序定年法,在埃及考古史上具有划时代的意义。时至今日,埃及本土的考古发掘仍在不断进行,中国考古力量也在近年加入其中。

古埃及神庙中的
仪式与祭文

蒲慕州

古埃及宗教的特色

在世界各古文明宗教中，古埃及的宗教可能是最为现代人所熟悉的，或者说，应该是最有可能为现代人所熟悉的，因为埃及有极丰富的宗教文献，又有各种图像及宗教建筑、工艺作品等，对于后人了解其宗教内容有很大的帮助。近现代西方学者研究埃及文明，宗教与艺术是主要的两大项目，而宗教又多半是透过艺术的媒介而得以呈现。我们走进任何一个有关古埃及的展览，都不免会看到一批与宗教信仰相关的文物，因此具备一定有关埃及宗教的知识，对于观赏文物将会有相当的帮助。而如果去埃及实地参观，那么神庙是必定会去的景点。面对神庙中的雕像或壁画，要如何去理解？本文也许可以提供一些线索，是普通的导游通常不会提及的。

要了解古埃及宗教，应该先对与宗教相关的各式材料有一基本了解。先说文献资料，主要包括以下几类文献：古王国时期的《金字塔文》（《金字塔铭文》，*Pyramid Texts*），中王国时期的《棺文》（《棺材铭文》，*Coffin Texts*），新王国时期的《亡灵书》（《死者之书》，*Book of the Dead*），以及各个时期都有的大量的墓铭，加上各个神庙壁上有关祭典仪式的铭文等。这类文献大多已有现代文字的翻译，可以构成一般读者了解古埃及宗教的基础。图像数据资料，包括神庙建筑及其中的各种神像、浮雕、墓葬及其中的壁画和随葬品等，与文献资料结合，提供了关于各种宗教活动的视觉想象。

从这些宗教性材料中，现代学者设法建构古埃及宗教的面貌。这面貌到目前为止已经有一个为一般学者大致接受的轮廓。当然，其中的细节总是不断有所增加或修正，对整体宗教意义的解读在不同学者的笔下也有所出入。因此，如果要说古埃及宗教有何特色，只能大致提到以下几点。

首先值得注意的是，古埃及人的宇宙观。世界是如何产生的？这问题在现代天文物理学上还没有答案，在古代则不乏想象。在古埃及，由于其历史悠久，不同的想象在不同时地出现，有所谓的孟菲斯（Memphis）系统，以当地的工匠之神普塔（Ptah）为世界的创造者。

普塔先天地而生，其创造世界的方式，与《旧约·创世记》中上帝创造世界类似，是经由他的思想和言语创造的，也就是说，他的所思所言创造了万物。这种想法似乎带有某种对人的感官思绪的主观性的省思。世间一切，如果没有人的思想和语言，既不能感知，又无法表达，也就等于不存在了。所以这种说法带有相当程度的抽象思维，体现出早期埃及知识阶层在思辨上达到的高度，是绝对不应该用"原始思维"之类的词汇去描述的。

又如有赫里欧波利斯(Heliopolis)系统，以阿图姆(Atum)为创造天地世界以及一切其他神明和人类的主神。根据这个系统，阿图姆自我受精而生出空气(舒，Shu)和水汽(泰芙努特，Tefnut)，空气和水汽结合，生了天(努特，Nut)和地(盖布，Geb)，然后天地结合，又生了奥西里斯（Osiris，图1）、伊西斯(Isis，图2)、塞特(Seth)、奈芙提斯(Nephthys，图3)等四个子女，这四者即为世间一切的创造者。这个系统反映出一种对世界构造的理性化想象，以空气和水汽为构成世界之原始元素，而天地则为世界出现之后的主要现象。至于以奥西里斯为首的四个神明，则代表天地间的正与邪、秩序与混乱、公义与私利等二元对立的现象。显然，即便这系统中个别的神明可能各有其历史发展的背景，譬如说塞特的出现远早于奥西里斯，但是在此系统成形时，已经是经过埃及的祭司或知识分子将社会中既有的神明加以某种逻辑思维的重组，形成一种关于宇宙如何生成的理论。这其实与希腊早期哲学中以土、水、气、火为宇宙基本元素的说法，中国古代的五行思想，都有类似的地方。

图 1
奥西里斯、伊西斯和荷鲁斯三神像
古王国时期
伊斯梅利亚博物馆藏
石灰岩材质的奥西里斯、伊西斯和荷鲁斯三神的雕像，三位神祇并肩站立在底座之上，背部有支撑物。奥西里斯站在中间，头戴假发和假胡须，头顶是其标志性的阿泰夫王冠，形似白冠，两侧有羽毛和水平的角装饰，上身赤裸，双手在身体两侧而没有抱于胸前。荷鲁斯和伊西斯分别站在他的左右两侧，稍矮，伸出手挽着奥西里斯的胳膊。伊西斯头戴假发，身穿长裙，头顶王座；荷鲁斯则隼头人身，上身赤裸。

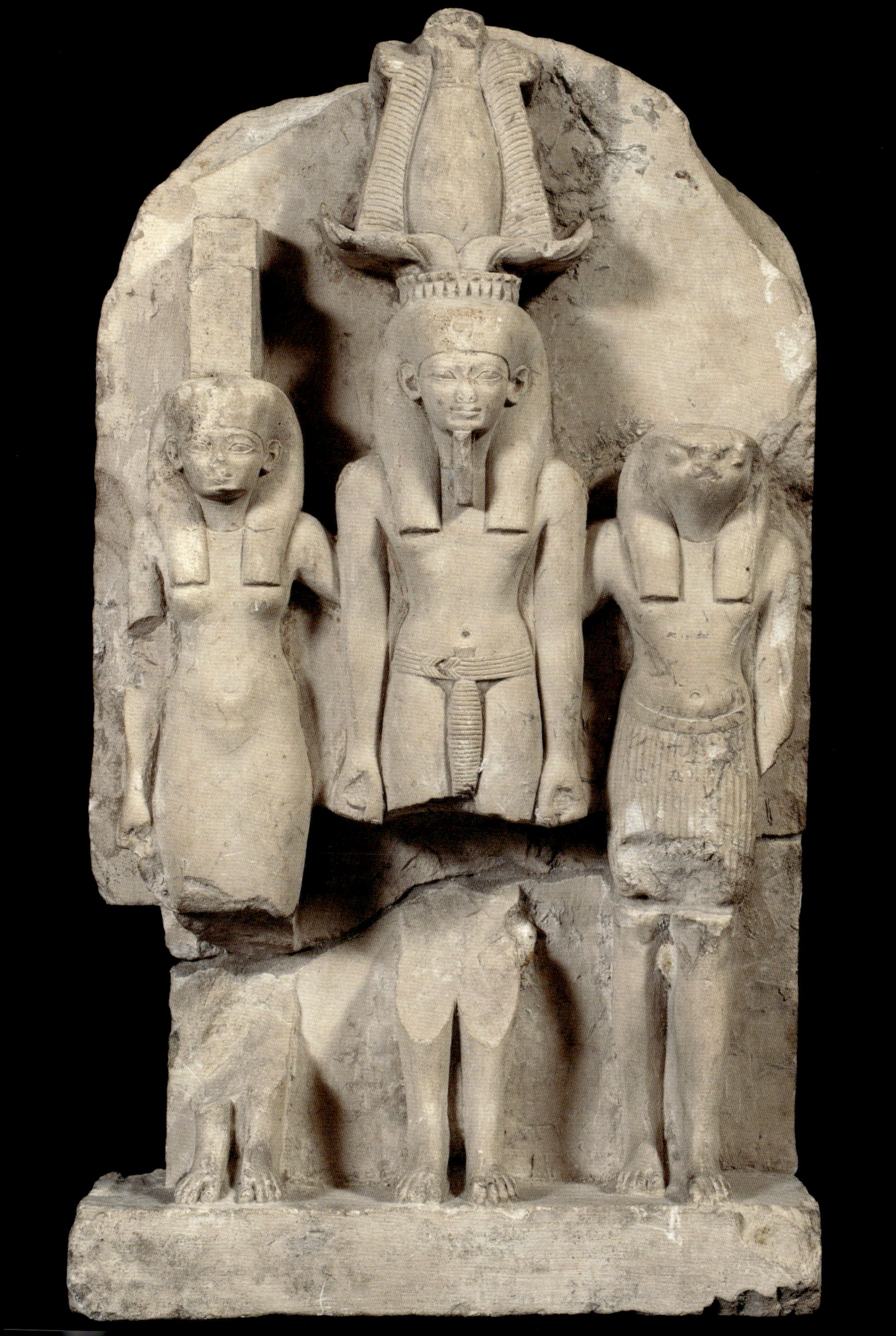

图 2 伊西斯正在哺育荷鲁斯
后期埃及
埃及国家博物馆藏

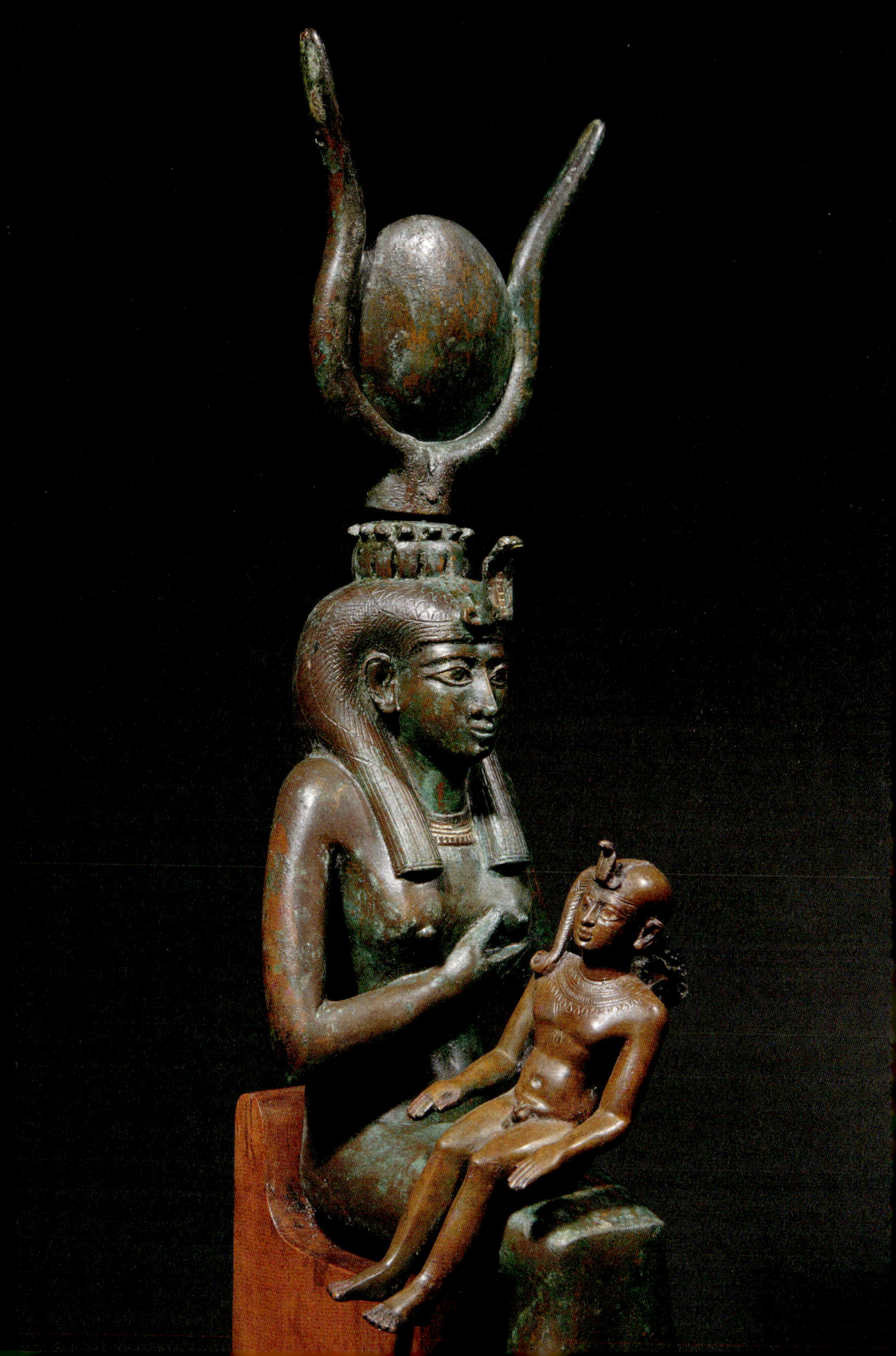

图3 奈芙提斯神像 托勒密时期 埃及国家博物馆藏

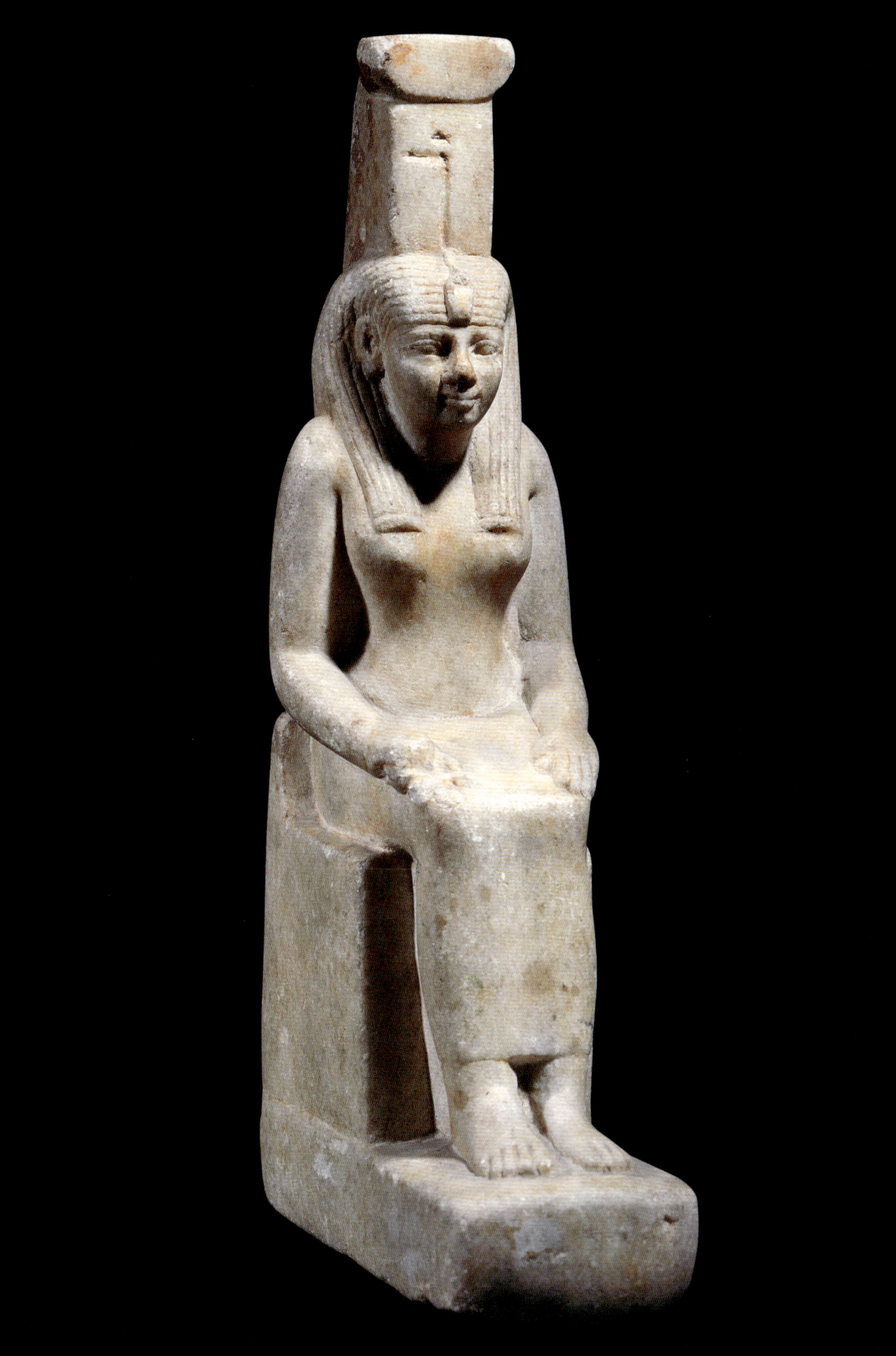

另一种宇宙论系统，则是埃及南方的赫尔摩波利斯（Hermopolis）城所发展出的系统。根据这个系统的说法，世界之初是一片混沌，后来不知如何出现了四对神祇，每一对神祇是一种概念的名词，分别为"黑暗""深邃""不可见""无边"，这些概念显然是对于那最初的混沌时代的一种描述。由此可见，有些埃及的神明是经过某种概念的拟人化过程而产生的。

显然，这三种不同的宇宙观或者神谱系统，都是以某一个城市为中心发展出来的。通过对其内容的抽象程度判断，它们应该是神庙祭司阶层在长期的思索之后逐渐形成的，就如希腊或中国古代哲学思想的出现，代表了某种社会阶层的成熟。对于推展某一个城市作为一个主要的宗教信仰中心来讲，将本城的主要神明置于一种系统的中心位置，显然有一种"收编"其他城市神明的宗教政治意涵。它们之间彼此是否有相互矛盾之处？这就涉及古埃及宗教的另一个特色了。

由现代人的逻辑看来，古埃及人的这些宇宙观似乎是相互矛盾的。这就有些类似中国民间信仰中三教并存的状况，人们在看来相互矛盾的不同信仰系统中游走而不以为意。有人认为这是古埃及人思想的特征，即多重逻辑思考：他们在每条逻辑线索中并不考虑是否会与其他逻辑相矛盾。这种解释是在现代式思考无法解释古人思想时的一种反思的结果：现代人不应当以自己的理性去衡量古人的理性。当然，如果仔细考虑证据，我们就会注意到，由于时代的久远，现在看来似乎相互矛盾的理路其实在时空上是有距离的，因而不构成真正的矛盾。同时，经过时间的过程而产生的质变在远距离看来也可能似乎有前后矛盾。对于在一时一地具有某种信仰形式的人而言，他们的信仰是否与其他时地的人的信仰相矛盾，其实不是他们所能理会或关心的问题。在古埃及，每个地区都有其自己的主要神明，但这并不表示他们会不承认其他地区的神明系统。相反的，不同地区的神明有时会在历史过程中结合为一，或者在名字上统合，如赫里欧波利斯的太阳神拉（Re）与底比斯的太阳神阿蒙（Amun）在新王国时期结合为阿蒙-拉（Amun-Re，图4）；或者在形象与功能上结合，例如月神图特（Thoth）的一个形象为朱鹭（图

图4　阿蒙-拉与拉-哈拉凯悌的二联雕像
　　　新王国时期
　　　埃及国家博物馆藏

图5 朱鹭形象的图特神，代表智慧
托勒密时期
埃及国家博物馆藏

图6 狒狒形象的图特神，
常用来装饰神庙或方尖碑等建筑
新王国时期
埃及国家博物馆藏

5），另一形象为狒狒（图6），同时，她又为智慧之神，在奥西里斯的审判庭上担任书记的工作。

所以，在看来似乎系统纷然的信仰世界中，其实也有某些潜存于背后的一统因素：对于真理女神玛阿特（Maat）的信仰，对于死后世界的想象，包括奥西里斯之审判，正义与邪恶的斗争，以及对于太阳神——不论他的名字是拉、阿蒙，还是阿蒙-拉的信仰，是贯穿时空，在古埃及宗教世界中占有重要地位的信仰内容。

由宗教崇拜的形式来看，古埃及的宗教有另一特色，即官方崇拜所建构的神庙系统。由史前时代末期至早期王朝时代，当原本分散在各地的神明崇拜逐渐统一在以王廷为中心的崇拜系统之下，以国王名义所支持的神明崇拜在各崇拜中心建立庙宇，并且组织神职人员，一个全埃及的神庙系统逐渐成形。各个神庙有其土地以及在其上耕作的农民，以提供神庙中各式祭典活动和神职人员所需要的物资。各个神庙之间有的可以建立某种关系，如神祇之间的某种亲属关系，可以导致神庙之间在庆典活动上的相互往来。在每一个神庙中，国王为名义上的大祭司，主持各式祭仪，这可以由神庙壁上所刻画的祭典活动和文字看出。

官方崇拜在埃及留下的遗迹自然是后人了解其宗教活动最主要的材料，但这些祭拜主要是环绕着国王之神性根源与王神之间的关系展开，与一般百姓小民的生活只能说有间接的关系。而在百姓的生活中，主要有各式地方神祇的崇拜，多半为个人求福，祈求神明保佑免除疾病苦痛以及天灾人祸。这些崇拜并不会与官方崇拜有所冲突，而应该说是在宇宙观上有基本的一致性，譬如对死后世界的信仰或奥西里斯的信仰等，与官方的态度并无不同。当然，一般百姓的崇拜活动和场所与官方崇拜有极大的差别，是可以理解的。

神庙中之祭典仪式与图文记录

理论上，埃及神庙为神明的殿堂，祭司则为神明的仆人。神庙中的活动大致分为两类：一为日常祭祀，一为节庆祭典。日常祭祀活动在各个神庙中大致类似，包括每天早上为神明进行"盥洗""着装""进餐"的活动，中午的"午餐"祭祀，以及"晚餐"。这些活动基本上可以说是模仿国王的每日生活安排，因为古埃及人想象其神明的生活与常人的生活并无相异之处。节庆祭典活动，则视每个神庙所奉祀神明及相关之神话及传说之不同，而有不同的活动方式。自新王国时期以来，神庙壁上一般设有各类与神庙祀典相关之图像。图像之内容基本上为国王在不同的祭祀场合向神明献上祭品之情况。（图7和图8）伴随图像出现的一些文字，则包括国王的名衔、祭祷文，个别的献祭品图像还会有专为呈献某类祭品的祭文，并且也有神明的祝福之辞，因而构成献祭者（国王）与受祭者（神明）之间的对话。

解读这些埃及神庙墙壁上的浮雕图文，为研究宗教与仪式之埃及学者重要的工作。一般而言，要解读这些图文的意义，得看研究者对于神庙中图文的性质如何认定。一个最基本的问题是，这些令人眼花缭乱的图文，到底是否代表某些曾经在神庙中举行过的仪式。（图9）持肯定意见的学者认为，仪式图文的确代表某种真实的仪式。他们研究神庙壁上刻写的有关每年固定祭典节庆的日历、日常祭仪的程序，以及各种特殊的祭典活动的图像及文字，并且认为埃及神庙中的各种图文资料均为一个成套的祭典仪式中的各个部分。但也有另一些学者不认为壁上的图文代表真实的神庙仪式。这些图文也许呈现出某些特定或一般的神学概念，譬如太阳神与世界之关系、世界秩序之建立与神庙的关系，或者某些神明彼此之间的关系，等等。但是基本上这些图文只是一些象征性的装饰，用以体现国王对神明之虔敬，或者强调神庙与神明的重要性。在这类学者中以菲利普（Philippe Derchain）的作品最受重视。他认为神庙壁上的祭仪图文为一种宗教概念的宣示，而并非祭仪活动的记录。

另一类折中的态度认为，神庙壁上的图文部分地代表了神庙中真正曾经举行过的仪典，但并不是所有的仪式图文都一定代表实际发生过的

图7　塞提一世向阿蒙-拉神进献玛阿特
　　　卡尔纳克神庙

图8　拉美西斯二世将一座神庙进献给阿蒙-拉神
　　　卡尔纳克神庙

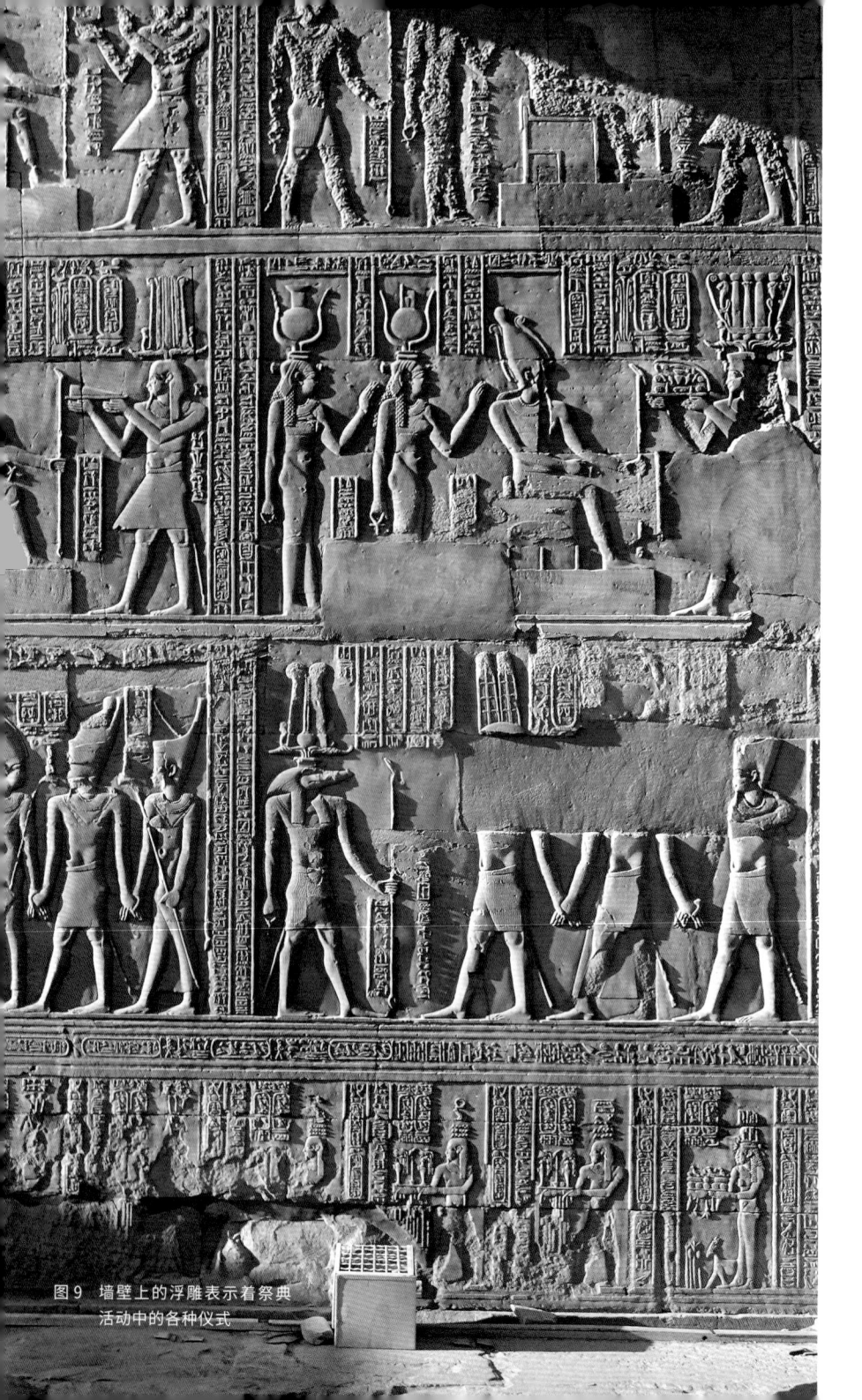

图 9 墙壁上的浮雕表示着祭典活动中的各种仪式

仪式。有些图文只是具有装饰性的虚拟仪式。例如阿诺·埃伯茨（Arno Egberts）认为仪式图文基本上应该本于某些真实的祭仪，因而可以认为，一般而言，这些图文是真正举行的仪式中的部分选样。但如果分析这些图文，可以发现，有些所谓的祭文其实只是有关祭典的说明，不可能是在祭典中宣读的祭文，而有些祭典明显不太有可能在神庙中执行。譬如有一类的祭典图文为国王手执长矛刺穿一串敌人。这祭典的神学意义很容易明白：国王为世界的主人，被牺牲的敌人则象征世间一切邪恶的力量。但这样的血腥场面不但在实际操作面相当困难或近乎不可能，也与神庙中其他祭仪的性质不甚相配。除非我们将图像中呈现的被刺穿的敌人理解为某些象征性的刍俑，否则最合理的理解方式，就是认为这类仪式图文为象征性装饰，而非真实的祭仪。

我个人的基本立场是比较接近第三种看法。我认为神庙墙壁上的仪式图文和节庆日历应该是真实的祭仪的某种形式的记录，但不可能是完全的记录。这些图文，不论是否代表某一真实仪式的记录，都可以被视为是神庙中所可能举行的各种仪式的"目录"。如果考虑一个祭仪的实际执行所牵涉的各种细节，如事先的洁净仪式、呈献祭品、宣读祭文、移除祭品等，我们应该要承认，所有这些仪式图像都只能代表某个仪式活动中的某一个片段，因而它只可能是象征性的，以一个片段象征整个仪式。不论这些仪式图像是否代表真实仪式，它们之所以被刻写在神庙壁上，应该是代表埃及神庙祭司和建筑人员认为他们可以代表神庙之存在的重要意义。我们其实不必争议这些图像和祭文是否代表真实的仪式，因为我们实际上没有理由完全否认这些图文有可能代表神庙中曾经举行过的仪式。但如果我们视这些图文为神庙中所有可能举行过的仪式的"目录"，我们可以认为，神庙壁上的装饰在不同的神庙区有不同的需要，有的地方要表现某些神学概念，有的则表现政治与宗教之关系，也有的地方只需要一些填充空间的图像，虽然这些填充空间的图文并不见得是虚拟的仪式。每一个图像以及相应的仪典祭文可能同时具备一个以上的作用，它可以一方面代表某种真实的祭典仪式，一方面作为神权的象征，又一方面则在视觉上提供观者有关神庙的神圣性的提示。这些看来为静态的图像和祭文，其实是动态的仪典的象征，因而借由仪式图文背后所隐含的仪式力量，这些图像共同体现出神庙的整体意义：神庙是神圣仪式举行的场地，是世俗世界与神圣世界沟通的桥梁。

这"目录说"不只是个人的推论，还有文献的证据。这些证据包括一卷新王国时期的纸草文书（约公元前 1100 年），其内容为阿拜多斯神庙中日常仪典的"目录册"。（图 10）手册中所记载的日常祭典活动，有相当大的部分可以与现存新王国时期神庙墙壁上的仪式图文相印证。一千多年以后，在罗马时代泰伯图尼斯（Tebtunis）神庙出土的另一纸草文书中，学者发现了另一套"目录"，其内容亦部分与阿拜多斯神庙中之日常仪典相重合。这些目录的存在证明或至少提出一种可能性，即神庙中的神职人员在执行其日常仪典时，可以参考某种手册，以决定不同仪式进行的程序，以及仪式的次序。这类手册的内容有部分与神庙壁上刻写的仪式图文相合，可以印证前面所提出的"目录说"。

如果我们可以接受这"目录说"，那么我们应该可以想象，当一个神庙在兴建之时，负责墙壁装饰的神职和建筑等人员手中，应该有相类似的"目录"作为参考，以决定在何处（神龛、大厅、中轴线、门柱、外墙、内墙等）应该配置何种仪式的图文。遗憾的是，目前我们并没有任何直接的证据，也没有任何建筑图纸出土。

祭文之形式与内容

综上所述，神庙壁上的祭仪图文可以被视为一种多重意义的宣示：个别的神学概念由代表祭仪的场景表现，这些祭仪与神庙崇奉的神明应该有特殊的关系。一般的神学概念，譬如说有关宇宙秩序的概念，可以由某些特定祭典场景及其出现的位置来体现。一个明显的例子是神庙正面外墙上经常可见的国王打击敌人的景象：国王一手执武器，一手握着一串敌人俘虏的头发，做打击状。这个明显为象征图像的场景，主要目的在体现国王为世界征服者的心愿，并不在表现"事实"。（可参见图 11 和图 12 埃德福神庙外墙。）当然，明白神庙图像的装饰原则与真实仪式之关系之后，仍然必须对个别祭仪的意义有所了解，才有可能对神庙祭典活动有整体的认识。要了解祭仪，仍主要有赖于对祭文的解读。以下即对祭文的形式和内容做一讨论。

图 10　阿拜多斯神庙壁上祭典仪式图

国王（图左）两手持油瓶，献给右方的阿蒙神。国王身前的文字说明祭典名称："献油给他（国王）的父亲，愿他（神明）赐予生命。"神明身前的文字说明："他（神明）赐予（国王）永恒，作为上下埃及之王。"

图 11　埃德福神庙外墙
　　　　建造于希腊罗马时期

图 12　埃德福神庙墙上的仪式图
　　　　注意图中国王及神明的脸部都被故意破坏，应该是中古伊斯兰时代的事。破坏人神形象面部，是破除其神性的方法之一。图中下方在右方国王和左方神像之间的文字，是国王托勒密献土地仪式的祭文；上方的文字为太阳神阿蒙-拉回复国王祭文的话。

埃及神庙中所举行之仪式，若以献祭为主，一般均随伴诵读祭文。诵读者在理论上应为国王本人，在实际执行时，则为领导祭典之祭司。祭文一般遵循某种格式，不过实际上有相当多的变化，每一类祭品或献祭活动之祭文有其特殊相关之辞句与用法。所谓格式，为使用某类固定的对神明的敬称，某类固定的对祭品的性质及意义之描述，以及对祭仪所能满足神明的某些期许。这类随伴祭仪图像而设的祭文，在希腊罗马时期的神庙中特别丰富。以希腊时代建成的丹德拉（Dendera）神庙中一段洁净仪式之祭文为例，可以对所谓祭文之形式及内容有一些了解：

sty kbḥ r ḥ3wt ḏd mdw

　(Pouring libation to the altar. Words spoken:)

在祭坛上倾注清水（祭仪之名）。文曰：

hy n.t wsrt mn n.t kbḥ

　(Hail to you, the Powerful, take to yourself the libation,)

向你致敬，全能的（哈托尔），请接受这

wtt hwt nbwt ͨ nhwt

　(which begot everything living.)

化育万物的清水。

ii.n.i ḥr.t

　(I come to you,)

我来到你面前，

ḥswt bͨḥ

　(the vases are inundated,)

水瓶被充满，

snbt 3kb ḥr twnw

　(the jars filled with the flood,)

水瓶被洪水充满，

ḥswt hnͨ.tw m hͨpy m Ḥm.t

　(the vases filled with the inundation for your Majesty,)

水瓶充满了献给陛下的洪水，

sty.n.i n k3.t m hbb

(I have poured for your Ka with the libation,)

我为你的卡（灵）倾注清水，

s^{c}m.t m.sn skbh ib.t

(may you drink it, and purify your heart,)

愿你饮下，清洁你的心，

m kbh hsw mr

(with the libation, praised and beloved.)

用这受祝福而钟爱的清水。

祭文以第一人称宣读，自然是代表主祭的国王，受祭的神明为丹德拉神庙之主神哈托尔（Hathor），在祭文中有时不直称其名，而以其他敬称代替，此处所使用的敬称为 wsrt（the Powerful）。祭品为清水，在祭文中则被赋予象征意义，成为尼罗河的洪水，也就是埃及人信仰中化育万物的生命泉源。因而倾注清水的仪式由简单的洁净活动（图13、图14、图15），化为以生命之泉源向女神哈托尔（天神荷鲁斯之母）致敬，一方面符合哈托尔的身份和神性，并且也有再现宇宙创生过程的含义。

图13 埃勒芬蒂尼的一座坟墓中的游行与洁净仪式

图 14　拉美西斯二世在焚香和举行洁净仪式　卡尔纳克神庙

图 15　女神伊西斯赐生命给国王　菲莱（Philae）伊西斯神庙

祭文在理论上应该与所献祭之祭品与活动有关,如上引之洁净仪式,然实际上亦不尽然。以往埃及学者之研究,一般均以单一献祭活动为研究出发点,以祭文译注为基础,探讨祭仪的宗教意义。然而多半学者处理祭文之方式仅止于译注,于祭文本身之格式并不注意。笔者则特别注意到,各类祭文均有其特殊之格式,有时一类献祭活动可以有多种格式。这现象之所以值得注意,与吾人解读仪式之意义,或者祭仪与神明之关系有关。譬如说,各类献祭仪式与祭品是否与受祭之神明有特殊的内在意义关联?某类祭品的宗教意义是否仅与某个神明之性质有关,或者可以献给任何神明?在衡量一个仪式的意义时,如果可以知道它是否是针对某个神明或某种特殊场合而设,应该是了解其意义的关键。唯有如此,我们才能比较具体地掌握祭文的意义到底是一般性的,还是有特殊针对性的。对此类问题之探讨,可以让我们对埃及神庙仪式之宗教意义有进一步之了解。在此种考虑下,对于祭文格式的探讨,虽然看来可能是相当技术性的讨论,但是它可以帮助厘清祭文之结构、元素、撰写机制,甚至可以帮助了解埃及神庙中祭司等人员在装饰神庙墙壁时,到底是根据何种原则去选择各式祭文或祭仪图像,同时亦可对明了祭文、祭仪与神明之间的对应关系有所帮助。要探讨此问题,必须大量收集祭文,进行文本之注释与格式分析,乃一长久之工作。笔者目前仅能根据少量之材料做出初步分析。

笔者曾经讨论希腊时代埃及神庙中之祭酒仪式及献镜仪式之祭文,所得到之主要看法如下:每一类祭文,基本上有一些核心词组,以体现该祭文的特殊宗教意义,但是每一篇祭文之构成并不一定会包括所有这些词组,撰写祭文之祭司可以在核心词组中挑选某些合于其需要的词组,依照大致固定的格式,撰构为祭文。因此,在相当多的例子中,我们可以见到大同小异的词组组合。如果有关于某一祭仪的大量祭文可供分析,应该可以发现,即使是大同小异的组合,也有形成某些固定程式的倾向。笔者对祭酒文的考察就发现至少有十二种词组,组成五种不同的祭酒文程式。最近对祭啤酒之祭文稍做考察,亦发现至少有七种词组。至于此七种词组可以组成多少不同程式,尚未能深入考察。然而,由以上的情况可以确定,神庙祭司及工作人员在撰写祭文时,手中应有一类祭文参考书，提供每一类祭文可用之词组，祭司在实际撰写时再从其中挑选合适者。如果仔细比较祭文之内容与其他祭祀文字，我们可以发现，有些祭文词组及程式有极为久远的传统，譬如托勒密时期神庙中的祭文，有时可以上溯到古王国时代的金字塔文。虽然祭司可以应用的词组虽然有限，但对于如何组织那些词组，他们仍然有一定程度的自由，因而当祭文实际出现在神庙壁上时，总是会有一些微妙变化。

仪式、祭文与信仰之关系

在神庙中所举行的祭典仪式，基本上为沟通神与人的交流行为，献祭的目的不外乎为国王祈求平安及财富，所谓祈求国泰民安。祭文之宣读为仪式的一部分，其内容在解释祭品之意义，确认神与人之间的关系，称赞神明的大能，祈求神明的庇佑。作为了解古埃及宗教的材料，这些神庙仪典的图文提供了官方崇拜的外在形式，也显现出某些神学概念。对于祭文的解读，又可分为两方面，一是内容，一是形式。祭文的内容，除了一般的对神明的赞颂之外，有些时候也可以发现祭品本身的宗教意义，或者说，可以发现埃及宗教如何将看似普通的祭品，不论是酒、奶、水、香，赋予某种象征意义，从而成为神人沟通的媒介，或者成为具有神圣意义的对象，作为给神明的献礼。在形式方面，对于祭文程式的分析，其实牵涉到埃及神庙中祭司及其他神职人员的具体工作。壁墙上之图像装饰有具体的空间配置问题，当空间固定之后，往往限制了祭文的长短。神庙人员根据所能运用的空间去配写祭文，必须视情况而定，因而刻在壁上的祭文常常只能是一些选项或摘要。

当然，具体的程式问题，最后仍然会与祭文内容以及我们对埃及宗教的了解有关。值得注意的是，既然祭文有程式，有撰文祭司的个人因素，以及图像装饰本身空间大小的限制，在解读祭文时，不能仅据某些祭文文本进行分析，而应设法全面了解祭文所本之词组，以词组之解读为基础，对祭文宗教意义的掌握才有可能更为可靠。

最后，对祭文程式的分析还牵涉到我们对托勒密时期古埃及宗教之整体状况的了解。一般以为托勒密时期之神庙虽保存了不少古埃及传统

图 16　卢克索（Luxor）神庙夜景

宗教信仰之数据，但由于统治者已是外来之希腊人，对于传统埃及宗教及庙宇之支持不再，因而传统信仰逐渐式微，神庙中之神职人员对传统宗教之认识亦一知半解，所谓只闻其声而不晓其义。同时，祭司们为经济所迫，开始去民间为一般百姓做占卜问神的服务。这样的说法，如果对照此一时代神庙中祭文所呈现的程式，可以发现，其实此时神职人员对传统宗教文献的掌握，仍然有相当的纯熟度。他们虽然在撰写壁上祭文时必须遵循某些既有的规则，但也必须随时设法修正或以合理且有意义的方式重组祭文基本词组，形成在传统之中仍然有创新之机会。这种了解对于我们体会希腊罗马时期的古埃及宗教实况应有一些帮助。近来一些研究者亦指出，希腊罗马时期古埃及神职人员并不缺乏文字能力，他们可以玩弄文字游戏，产生有创意的文学作品。当然，神庙中的传统与一般百姓的宗教生活之间，仍然有相当大的差异，这是毋庸置疑的。

　　古埃及的各大神庙，包括新王国时期的卢克索（图16）、麦地那·哈布（图17）、阿布·辛贝尔（图18）、阿拜多斯等，以及希腊罗马时期的埃德福（图21）、科翁波（图22）、丹德拉、艾斯纳等，都是游客常去参观的景点，游客除了欣赏这些神庙宏伟的建筑（图19、图20）和精致的浮雕之外，如果能够了解到神庙的功能和墙壁上令人眼花缭乱的仪典所代表的意义，相信会更能体会到埃及宗教的特色。

图 18　阿布·辛贝尔 (Abu Simbel) 拉美西斯二世神庙

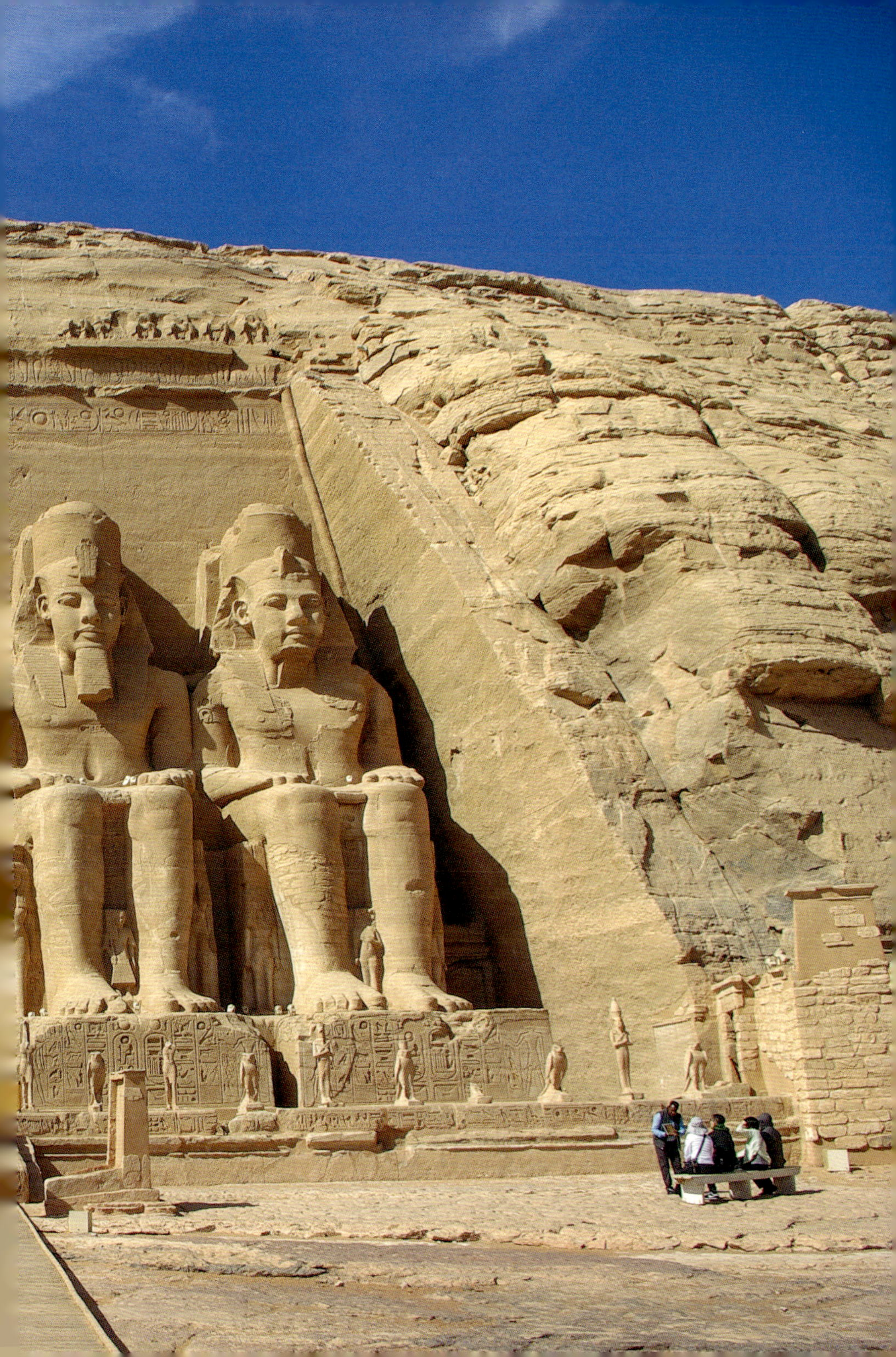

图 20 底比斯拉美西斯二世寝庙

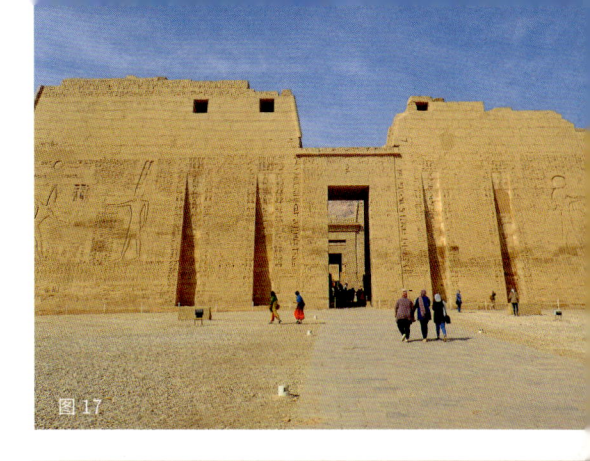

图 17　麦地那·哈布（Medina Habu）
　　　　拉美西斯三世（Ramesses III）寝庙
　　　　新王国时期

图 21　埃德福（Edfu）
　　　　神庙内神龛及神舟
　　　　希腊罗马时期

图 22　科翁波（Kom Ombo）
　　　　神庙外墙上祭仪图
　　　　希腊罗马时期

图 19　第 18 王朝哈特谢普苏特（Hatshepsut）女王寝庙，位于迪厄巴哈里（Deir-el-Bahari）

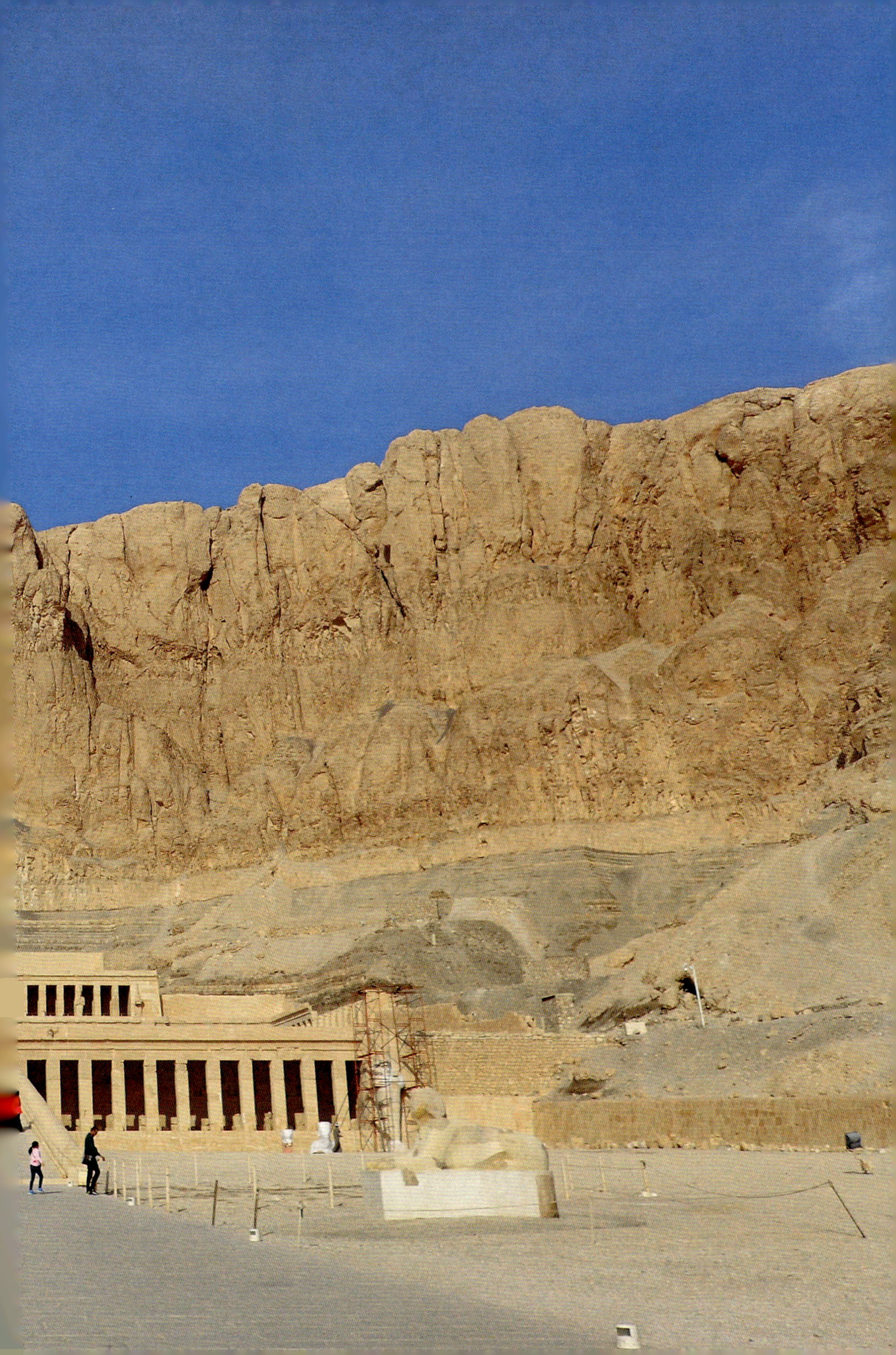

《亡灵书》与古埃及人的墓葬习俗

金寿福

提到古埃及文明，人们很自然地就会想到金字塔、狮身人面像，还有些人会想到帝王谷和卡尔纳克神庙。长期以来，这些纪念碑性建筑和神庙建筑让人惊叹不已；有的人甚至会发出疑问，是什么促使古埃及人完成了如此气势恢宏的建筑工程。如果说，它们可以被视为古埃及文化的外形或"硬件"，那么，还应当有更重要的驱动力，构成埃及文化的"软件"。应当说，《金字塔铭文》《棺文》《亡灵书》等宗教经文是古埃及人完成这些宏伟工程的动力和毅力的重要源泉。《亡灵书》是以上三种经文最后发展阶段的结晶；从中，我们不仅可以窥见古埃及人的生活理念和来世观念，而且还可以借此理解古埃及人为了追求永生所能付出的让现代人难以想象的努力。（图1、图2）

图1　从郁亚和图亚坟墓出土的《亡灵书》
　　　新王国时期
　　　埃及国家博物馆藏

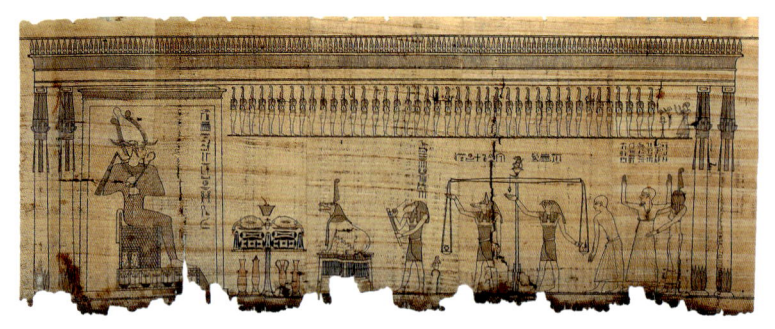

图 2　孟菲斯巴斯泰特神庙祭司乔赛尔的《亡灵书》　托勒密王朝时期　埃及国家博物馆藏

《亡灵书》名称的来历

古埃及人把我们今天称为《亡灵书》的宗教文献叫作"有关重见天日的经文"(*r3w nw prt m hrw*)。《亡灵书》并非我们今天通常所说的"书"。首先，它并未装订成册，而是书写在长短不一和宽窄各异的莎草纸上。古埃及人把它卷起来以后放在棺材内，或者放在死者的木乃伊裹尸布夹层中间。其次，每一卷莎草纸上的经文总数和它们的顺序各有不同，有时涉及同一个主题的几篇经文被排列在一起，但是在多数情况下，经文之间并不一定有逻辑关联。到了古埃及历史的末期，编纂《亡灵书》的书吏才试图确定经文的数量以及它们的顺序。从塞斯王朝开始（约公元前 664 年），《亡灵书》基本以经文第 1 篇或第 17 篇起始，以经文第 162 篇结尾。（图 3）

1842 年，德国著名古埃及学家莱普修斯（Karl Richard Lepsius）整理并出版了馆藏于都灵博物馆、编号为"pTurin 1791"的莎草纸（即"都灵莎草纸第 1791 号"），他在这卷属于托勒密王朝的莎草纸上共确认了 165 篇内容不一样的经文。莱普修斯给这些经文编号并辑为一本书，名为《基于都灵圣书体莎草纸的古埃及亡灵书》（*Das Totenbuch der Ägypter nach dem hieroglyphischen Papyrus in Turin*）。莱普修斯对这些经文的命名"*Totenbuch*"（英语：*Book of the Dead*；法语：*Livre de morts*），以及排序均被其他国家的学者采纳，中文一般译为《亡灵书》，但也有称为《死者书》《死人书》的情况。（图 4）

金寿福　《亡灵书》与古埃及人的墓葬习俗

图 3　《亡灵书》这一称呼在象形文字中的书写形式

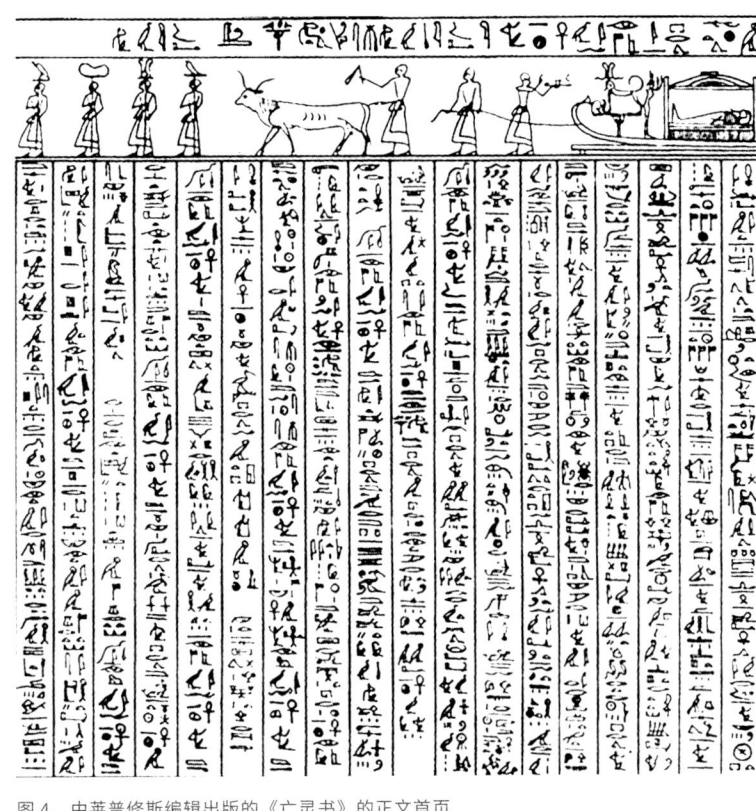

图 4　由莱普修斯编辑出版的《亡灵书》的正文首页

古埃及人所说的"重见天日",可以做两方面的解释。从广义上说,它指一个人通过生前积德、行善和准备墓葬设施,并借助亲人奉献的供品和国王、众神的恩赐,死后赢得再生;从狭义上讲,它表达了死者的"巴"在完成上述征服死亡的壮举之后不再被阴暗的墓室、狭窄的棺材和无数层的裹尸布束缚,离开棺材和墓室,来到日光下呼吸新鲜空气、畅饮清凉的水的愿望。

《亡灵书》收录了涉及死亡和来世题材的经文,包括死者的亲属和祭司为死者守夜时吟咏的经文,木乃伊制作师处理死者尸体时使用的咒文,葬礼时由祭司念诵的祷文,保障死者复活后所需各种供品的清单,为死者应对冥界鬼神而提供的密码和暗号,呼吁众神引导和接纳死者进入来世的祈祷,赞扬诸神大恩大德的颂歌,死者申辩自己无任何过错的自我陈述,等等。这些经文不仅详细描写了生者和死者为战胜死亡应当采取的措施,还从不同的角度强调了死者理应拥有享受第二次生命的资格和理由。一句话,《亡灵书》是引导和陪伴死者前往来世的指南。

《亡灵书》的制作

在曾经属于门图霍特普王后的棺材碎片上,学者们发现了《亡灵书》中的若干经文。门图霍特普王后生活在约公元前1600年,因此,这些经文可以被视为《亡灵书》最早的组成部分。《亡灵书》吸收了古王国时期《金字塔铭文》和中王国时期《棺文》中的许多篇章,但是也有不少是在新王国时期甚至在更晚的时候诞生的,比如经文第19、140、157、158、162—165篇等,反映了古埃及人来世观念的变化和编纂《亡灵书》的书吏们为应对变化而采取的措施。《金字塔铭文》最早出现在第5王朝末(约公元前2375年)的王陵中,《亡灵书》的使用则最晚至公元1世纪,前后持续了近2500年。

从第18王朝初(公元前1550年)开始,原来刻写在棺材内壁上的经文被抄写在莎草纸上,字体不再是工整的圣书体(hieroglyphic)象形文字,而是越来越多地使用祭司体(hieratic)象形文字。使用圣书体的时候,书吏们循着垂直的方向书写象形文字;而使用祭司体的时候，他们循着平行的方向抄写，而且文字的方向由右向左。随着《亡灵书》使用人数的增加，出现了专门制作《亡灵书》的作坊。有的人在生前就已经委托作坊的书吏为自己制作一部《亡灵书》。书吏根据他的要求选择当时流传的经文，在抄写时直接把他的名字写在死者名字应当出现的位置。更多的时候，作坊的书吏们事先选择数量不等的经文，把它们抄写在长短相宜的莎草纸上，并且在提及死者名字的地方留下空间，供需要的人挑选。一俟有了购买人，书吏们便在已被买下的莎草纸留下的空白处填写上这份莎草纸主人的名字。

　　《亡灵书》中，多数经文都有长短不一的题目，简要地说明经文的用途。经文的题目、经文的开头和结尾、经文末尾类似使用说明书的附言，还有一些非常危险的鬼神的名字通常用红色墨水书写，其他文字则用黑色墨水。（图5）红色和黑色墨水分别用赭石和碳为原料制作而成。抄写《亡灵书》的莎草纸长短不一，其宽度一般在15—45厘米之间。现存最长的抄写《亡灵书》的莎草纸收藏于柏林新博物馆，它的长度近50米。迄今为止发现的古埃及最为完整、配图最为精彩的《亡灵书》分别属于名字叫阿尼、安海裔和胡内菲尔的三个人，三份《亡灵书》目前都藏于大英博物馆。（图6）

　　有时，书吏们会在经文的上方配上黑白或彩色的图，有的配图偶尔也处在文字的下方或旁边。文字与图画相辅相成，这些图画经常更加清晰和简洁地表达相关经文的功能和内容，起到画龙点睛的作用。从时间上说，配图最初只是起到解释和补充的作用，而且在工艺上显得简单和粗糙。在拉美西斯时期（约公元前1295—前1069年），配图成为《亡灵书》不可或缺的组成部分，而且在色彩和风格方面日趋多样化。在古埃及人的现实生活和来世想象中，文字具有非常强烈的意象和表象作用。毫无疑问，这种文字与形象鲜明、重点突出的配图相结合，构成了死者应对来世路途上出现的各种意外和危险的有力武器。多数《亡灵书》附有少量线条画，使用黑色墨水画成，但有的《亡灵书》的配图呈彩色，有些甚至粘贴金箔，这些不同充分反映了拥有者的社会地位和经济实力。《亡灵书》通常是多位画家和书吏合作的结晶，他们各自的劳动成果被

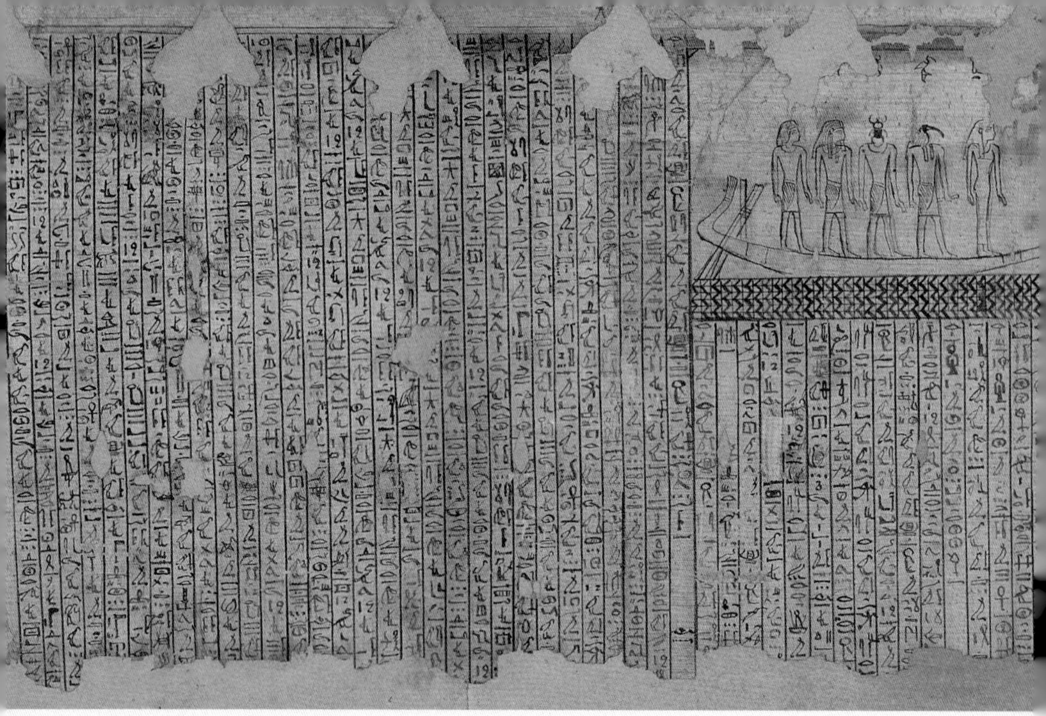

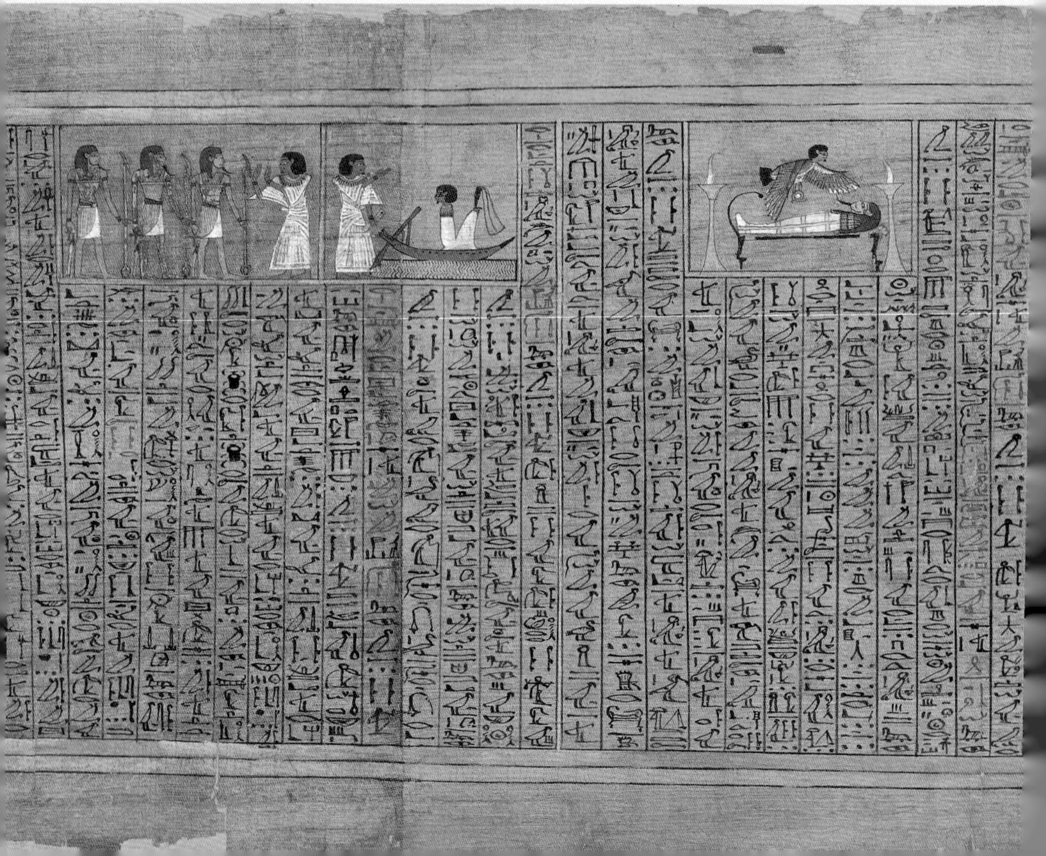

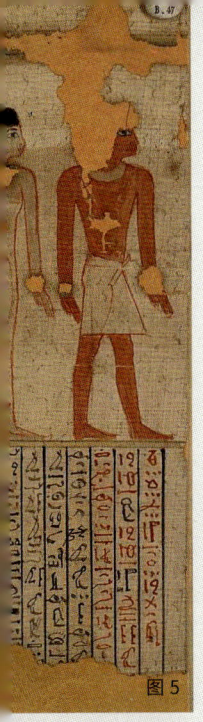

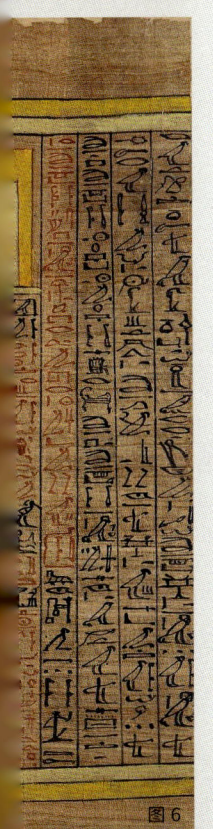

粘贴在一起,构成了长达几米甚至数十米的作品。

除了莎草纸以外,古埃及人还在其他载体上抄写《亡灵书》。他们选择特定的经文,然后书写在遮盖尸体的盖布、缠裹木乃伊的布条、木质棺材、石制棺椁、墓室墙壁,甚至神庙墙壁上。有些《亡灵书》的片段还被刻写在石制蜣螂(象征重生)和乌萨布提(想象中在来世为死者效劳的陶俑)上面。图坦卡蒙的金质面具里面也刻写了《亡灵书》中的一小段经文。

依据莎草纸的长短和上面图文的精致程度,《亡灵书》的价格也不一样。从这个角度说,古埃及《亡灵书》是人类历史上最早用来销售的文字作品,达到了一定的商业化程度。拥有《亡灵书》的人群中,既有男性也有女性,他们的职业主要是官吏、书吏和祭司。根据拉美西斯时期一篇文献中的记录,一份《亡灵书》值1德本(约91克)白银,相当于建造王陵的工匠半年的工钱。古埃及保存至今的《亡灵书》,多数从位于今埃及卢克索的坟墓出土。古埃及人使用《亡灵书》的传统在罗马帝国初期走向衰落。

图5 图伊的《亡灵书》
 第18王朝初
 需要着重的地方用红色,其他文字则用黑色。
 大英博物馆藏

图6 阿尼的《亡灵书》
 第19王朝
 配图从右向左依次为:阿尼的巴在墓室的入口;
 阿尼的巴与躯体团聚;阿尼准备登船;阿尼面对
 三个守护关卡的神。
 大英博物馆藏

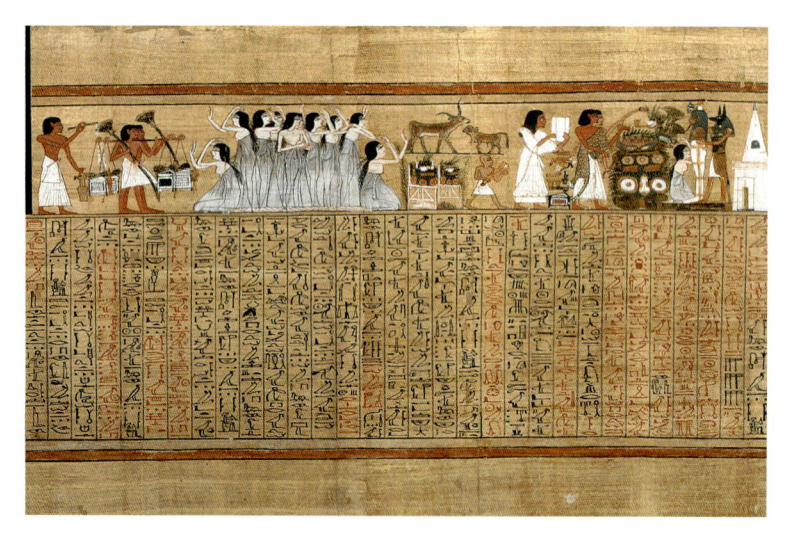

图7　阿尼的《亡灵书》第1篇及配图
　　画面从右向左依次为：阿尼业已制作成木乃伊的尸体被运抵坟墓入口，装扮成阿努比斯的祭司扶着木乃伊，阿尼的妻子为死者哀哭，念经祭司为木乃伊举行"开口仪式"；女性哭手正在哀悼；仆人们忙着搬运随葬品。
　　大英博物馆藏

《亡灵书》经文的类型和功能

《亡灵书》中大约190篇经文，可以分为以下四大类。经文第1—23篇涉及死者的葬礼及其尸体在冥界获得活动，尤其是说话的能力。第1篇开宗明义："这是有关让死者自由进出冥界、重见天日和获得尊贵地位的许多经文的开篇；这些经文需要在死者的葬礼上念诵，以便他此后随意离开并回到冥界。"（图7）第21篇至23篇尤其强调了死者在冥界恢复嘴的各项功能的重要性，描述了他必须以及如何赢得"光明之主"太阳神拉和"冥界的统治者"奥西里斯的恩惠。经文第23篇甚至宣称，造物主普塔亲自开启了死者的嘴，死者家乡的神解开了束缚木乃伊嘴的绷带；另一位创世神阿图姆又让死者的双手获得了活力，使得死者能够用自己的手保护其嘴。

经文第24—63篇主要描写与来世相关的诸神的来源及其功能和活

动范围，目的是让死者了解这些神，并清楚他们的作用。经文第 24 篇的目的是在冥界给死者配备魔术；第 25 篇的目的是让死者在冥界想起自己的名字；第 26 篇的目的是让死者在冥界重新拥有自己的心脏；而第 27 篇的目的是阻止死者的心脏在冥界被夺走。经文第 51 篇至 53 篇是为了不让死者在冥界头朝地走路，不在冥界吃粪便。第 62 篇是为了保证死者有清凉的饮用水。（图 8）

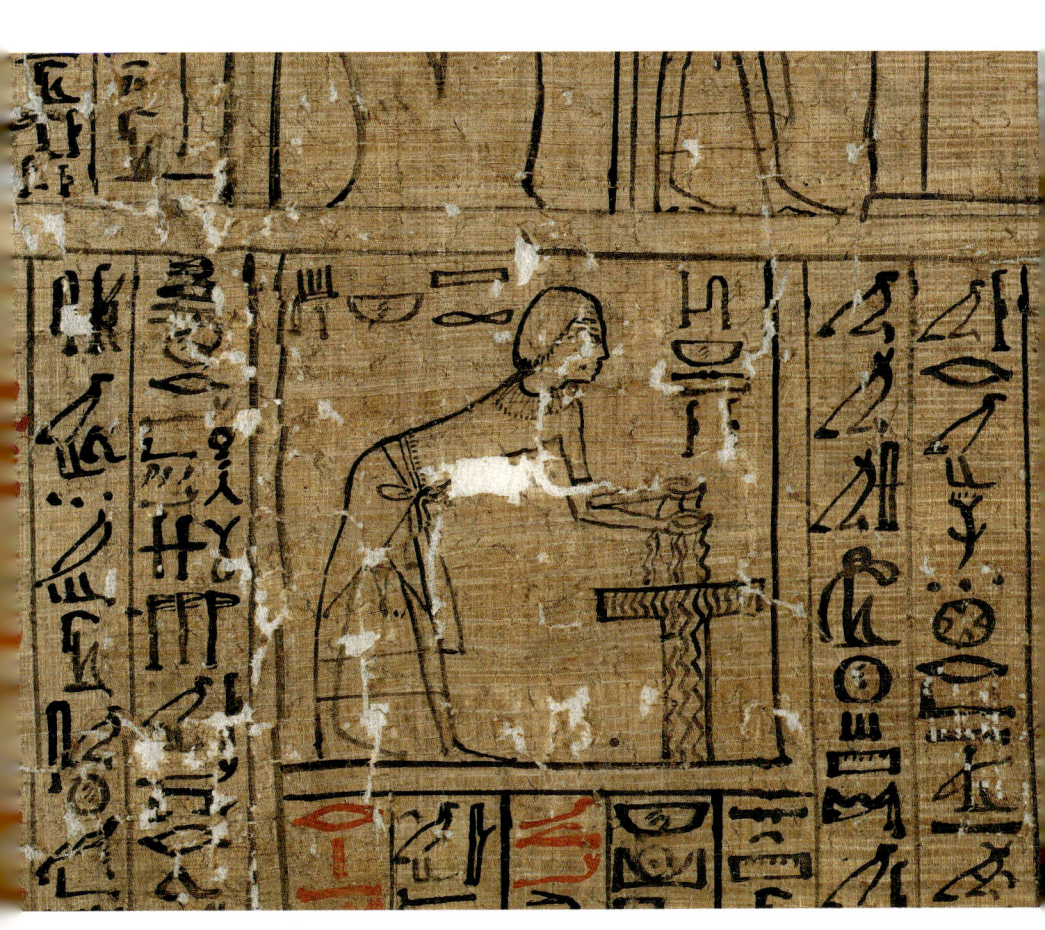

图 8 内布塞尼的《亡灵书》第 62 篇及配图表现死者拥有充足的清凉饮用水。
大英博物馆藏

图 9　胡内菲尔的《亡灵书》第 125 篇及配图
画面从左向右依次为：阿努比斯把胡内菲尔引入审判庭；阿努比斯正在进行称量，阿马麦特在焦急地等待；图特准备记录称量结果；通过审判以后，荷鲁斯把胡内菲尔引荐给奥西里斯。
大英博物馆藏

经文第 64—129 篇叙述了死者如何才能顺利获得再生。第 124 篇的目的是让死者走进奥西里斯举行审判的大厅里。第 125 篇详细描写了死者接受众神审判的过程和场景。（图 9）第 127 和第 128 篇是献给奥西里斯及其随从的祈祷和颂歌。第 130 篇是为了让死者在奥西里斯生日那天获得恩惠，让死者的巴赢得永生的权利。

经文第 131—190 篇描写了顺利通过来世审判的死者如何穿越众多关卡，最终到达被称为"供品地"和"芦苇地"的来世。然后，他的巴在白昼乘坐太阳船巡游天空，到了夜间则到奥西里斯主宰的冥界与其主人团聚，并享用供品，从而获得永恒生命所需的能量。

以上分类并非适用于所有的经文，因为它们经常有重复和交叉的情况。通观整部《亡灵书》，两个神灵在其中扮演决定性的作用，一位是冥神奥西里斯，另一位是太阳神拉。在死者获得再生的漫长旅途中，最为重要的环节是通过由奥西里斯主持的众神审判。在第 125 篇中，审判庭被称为"正义双女神大厅"。配图是死者的心脏在天平上接受称量的场景：奥西里斯端坐在华盖下，伊西斯和奈芙提斯并列站在他的后面；智慧神图特站在天平边，准备记录称量的结果；木乃伊神阿努比斯

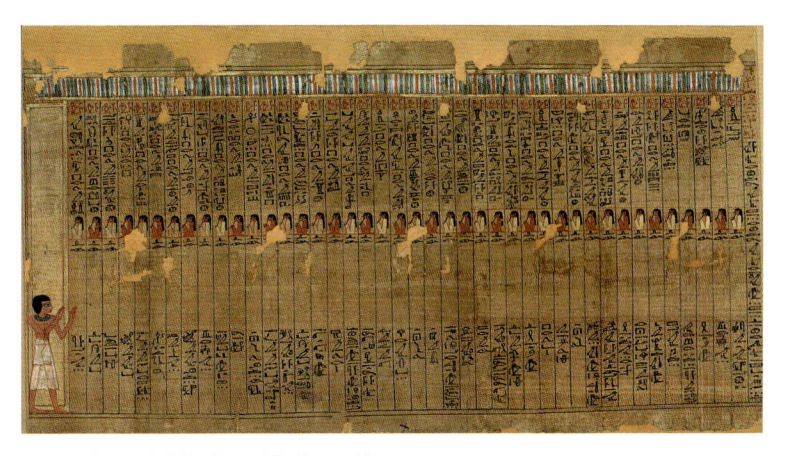

图 10　乌塞尔哈特的《亡灵书》第 125 篇及配图
乌塞尔哈特向陪审神进行陈述。
大英博物馆藏

把死者引入审判庭并负责称量死者的心脏。有时，象征命运的神也站在天平一边，他身后分别是主掌生产和养育的两位女神。《亡灵书》第 125 篇详细描写了死者如何应对这场真正生死攸关的考验。他应当向 42 位陪审的神灵辩称无罪，即做出"否定的坦白"（Negative Confession），意思是用一连串的否定句坚称生前未曾犯罪，甚至没有任何过错：从杀人等重罪到撒谎和吵嘴等小毛病，从杀害神圣动物的死罪到大斗进、小斗出的欺诈行为。一般来说，陪审的 42 位神呈坐姿；有时，有些神也站着，他们手中拿着一根象征真理和公正的羽毛或者一把刀，形象地再现了他们秉公执法的形象。（图 10）

　　死者向众神陈述完毕以后，阿努比斯把死者的心脏置于天平的一边，另一边则放置象征真理和公正的羽毛（或者代表真理、公正等理念的玛阿特女神的小雕像）。古埃及人认为，心脏是人体最重要的器官，主宰感情和记忆。假如死者的心脏与羽毛保持平衡，意味着他生前无罪；一旦天平向着心脏一方倾斜，失去平衡，死者就被判有罪。阿努比斯把称量的结果报给图特，后者记录称量的结果，相当于把审判的结果用文字形式固定下来。奥西里斯根据这个结果做出裁决，是接受死者进入天国，还是将其拒之门外。假如死者的心脏与羽毛没有保持平衡，他的心脏就会被等候在天平边的怪兽吞吃。

《亡灵书》第 125 篇把死者与奥西里斯的相遇构想为一个庭审的场面。在庭审现场，死者陈述自己在世时行善积德，宣称自己清白无辜。古埃及人把生死转换视为一桩诉讼，试图借助法律形式，在主审奥西里斯和 42 位陪审神面前通过陈述和申辩赢得再生。可以说，这种形式在人类历史上绝无仅有。根据学者们的最新研究，《亡灵书》第 125 篇的雏形曾是祭司们入职时的宣誓文。古埃及人认为，心脏是支配和保存情感与记忆的器官，所以死者生前的善行和恶行都会在其中留下痕迹。在"否定的坦白"中，有不少与神和神庙相关。换句话说，古埃及人要想进入来世，在世时就必须在虔诚和洁净这两个层面达到祭司的程度。

死者一方面表白自己在世时没有犯下罪过，以排比句的形式否认犯过 82 种罪和过错，另一方面试图以魔法的手段防止这些神判定他有罪。乍看上去，这似乎相互矛盾，但实际上它反映了古埃及人面对死亡所表现出来的复杂和恐惧心理：没有通过这个审判就意味着花费大量人力和物力准备的墓葬设施、相关的殡葬仪式和祭奠活动失去了意义。第 125 篇的题目就已经清楚地说明，经文的目的就在于，让那些甚至犯过罪过的人也通过审判。在经文里，死者一面表白自己的清白，一面强调自己对这些审判神了如指掌。在涉及生死存亡的审判庭上，没有任何人愿意甚至敢于承认自己的过错，这既是死者对其在世时品行的检讨，更是他与手握生死大权的神灵们的博弈。"无罪"在象形文字里的字面意思是"真实的声音"，意即他的陈述属实。吞吃死者心脏的怪兽长着鳄鱼的头、狮子的爪和河马的臀，它的名字阿马麦特（Ammit），表示"吞吃死者"的意思。（图 11）

心脏代表死者接受称量和众神的审判，由此古埃及人萌生出一种担忧，害怕它会背叛自己的主人。《亡灵书》第 30 篇就是为了预防这种情况的发生而编写，它的题目为"本经文的目的是防止死者的心在冥界违抗它的主人"。在经文第 30 篇乙（第 30 篇有两个版本，故学界分别称之为"甲""乙"）中，死者用如下的话祈求自己的心："我的心，你是我的母亲，我的心，你是我的母亲。我的心，不管前世还是来世，

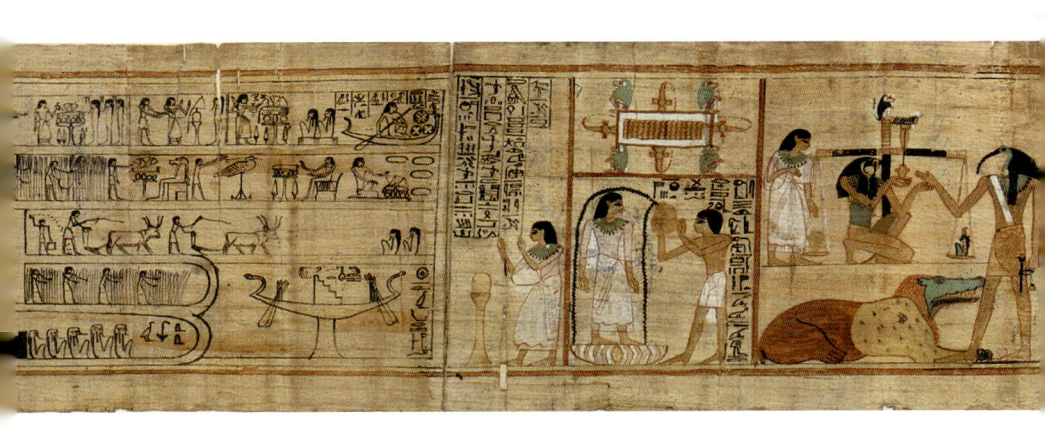

图 11 阿蒙神祭司的《亡灵书》中的阿马麦特形象
后期埃及
埃及国家博物馆藏
在古埃及人的想象中，倘若审判中心脏比羽毛重，那么意味着死者有罪，怪物阿马麦特将吞噬死者的心脏，古埃及人称此为"第二次死亡"，即彻底失去复活的可能。

你都属于我。不要以不利于我的形式做证,不要在审判庭里与我作对,不要把我出卖给称量员。"(图 12)有时,古埃及人把一只石质的心形蜣螂放在死者的腹腔内。在古埃及人的来世想象中,蜣螂象征重生和繁殖,心形的蜣螂不仅强调死者的心脏将永远陪伴其主人,更不会在来世审判庭出卖自己的主人。

经文第 18 篇、第 19 篇和第 20 篇描写了奥西里斯在由太阳神拉主持的审判庭上战胜塞特的经典案例。塞特是谋杀奥西里斯的篡位者,奥西里斯在法庭上赢得公正象征了战胜死神和企图阻挠死者复活的一切邪恶力量。尤其是经文第 19 篇明确地说,该经文与胜利花冠有关。显然,死者也希望像奥西里斯一样,在众神审判庭被判处无罪之后获得胜利花冠。通过众神审判的死者被戴上胜利花冠,这个习俗一直延续到罗马帝国统治时期的埃及。在著名的法尤姆肖像(木乃伊面具)上,可以看到死者的头上戴着金质花冠,金色和圆形在这里均指向太阳。

绝大多数《亡灵书》都以赞美太阳神拉的颂歌开始,这与古埃及人称《亡灵书》为"有关重见天日的经文"相符,所谓"重见天日",意即享受阳光和空气,像太阳一样不断地"返老还童"或"起死回生"。死者不仅要活百万年,而且要穿梭百万里(如经文第 42 篇、第 43 篇)。古埃及人称《亡灵书》为"有关重见天日的经文",这实际上是针对"巴"而言,因为死者的躯体和属于他的"卡"被认为留存在墓室里,而"巴"则可以到达所有死者想去的地方。

死者最大的希望是,在太阳神的圣船上获得一席之地,如同太阳一样每日从西山进入冥界,完成返老还童的过程之后,重新出现在东方地平线上。经文第 72 篇宣称,该经文会让死者在白昼飞出墓室。经文第 74 篇则许诺,该经文的目的是增强死者行走的能力,以便他离开冥界并升天。在经文第 102 篇,死者祈求太阳神:"请你接纳我到你的船上,我会与船上的其他随从一起不分昼夜地为你效劳,我会为你加固船上的台阶,我会替你观察船行的方向。"(图 13)

太阳圣船在夜间航行中会遇到诸多危险和障碍,其中最值得一提的

图 12　心形蜣螂
　　　　底部刻写了《亡灵书》第 30 篇。
　　　　约新王国时期
　　　　大英博物馆藏

图 13　那赫特的《亡灵书》第 136 篇及配图
那赫特希望成为太阳神圣船上的一名船员。
大英博物馆藏

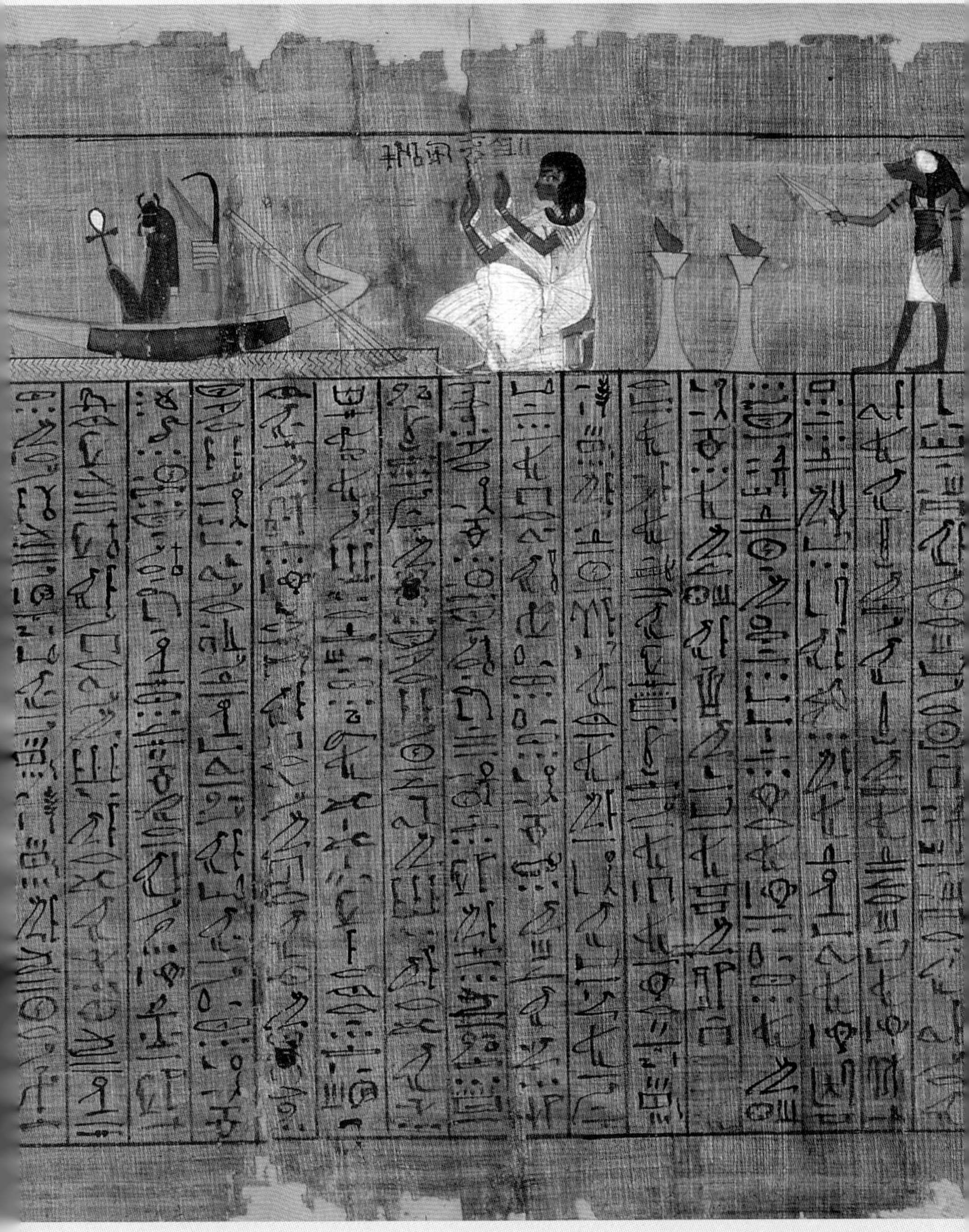

就是巨蟒阿波菲斯把河水吞入腹中，导致太阳圣船搁浅。在众神和船上其他成员的帮助下，太阳神终于制服大蟒蛇阿波菲斯，迫使它吐出河水，太阳圣船得以继续其航行。在夜间的第 6 个小时，太阳圣船抵达冥界最深和最黑暗的地方，奥西里斯——太阳神拉的尸体——就躺卧在那里。在这里，太阳神的魂灵（巴）与其尸体结合，得以返老还童，以崭新的形象继续航行。在夜间的第 11 个小时，众多的星星汇聚到太阳圣船，目的是宣告黎明的到来。到了夜间的第 12 个小时，努恩（混沌水）把太阳圣船举起，把它抬入天空中。白天的太阳有时呈现荷鲁斯的形象（隼），有时又呈现为象征自我繁殖的蜣螂的形状。在某种意义上，太阳犹如奥西里斯的魂灵（巴），而奥西里斯相当于太阳神拉的尸体，二者的结合预示了死者的巴与其安卧在墓室里的木乃伊结合并获得新生。正是因为这个原因，进入阴间的太阳（神）经常表现为一只山羊；山羊不仅象征旺盛的生殖力，它的名字在象形文字中的发音与魂灵（巴）完全一样。死者的魂灵（巴）登上太阳神的圣船，每天夜间与其主人团聚，从而获得新的生命，白日又跟随太阳到坟墓外面享受阳光和空气。因为太阳每天夜晚光临冥界，奥西里斯得以从沉睡中醒来；随着巴返回墓室，每个死者也获得苏醒的机会。

《亡灵书》与古埃及人的墓葬习俗

古埃及人之所以花费巨大的人力和物力修建坟墓，是为了给死者获得再生这项宏伟的工程提供场所，而历经 70 天把死者的尸体制作成木乃伊，又是为了让死者不死的魂灵（巴）有一个栖居的容器。顺利到达来世，并且在那里享受永恒的来世，必要前提是保存尸体。按照古埃及人在史前时期形成并逐步强化的信念，一个人拥有相对于躯体的魂灵"巴"和支撑来世生命的潜在力量"卡"，但是，"巴"和"卡"都必须以死者的尸体为依托。

埃及人把坟墓想象成死者完成复活的场所，意味着放置棺材和死者尸体的地方具有生者居住的房子的功能，其中至关重要的节点就是供桌（图 14）。死者的亲属把各种供品放在供桌上，安卧在下一层棺材室的死者借助魔法（或者说他的"巴"）升入供桌所在的墓室，享用其亲

金寿福　《亡灵书》与古埃及人的墓葬习俗

图 14　伊蒙尼彩绘石碑（墓室中的供桌）
中王国时期
埃及国家博物馆藏
这块石碑本应是墓室假门的一部分，最顶端是红白黄三色相间的纵向条纹，下方刻有象形文字铭文，铭文下是彩绘场景。石碑属于伊蒙尼，他头戴假发、穿着白色短裙，坐在供桌前的椅子上，身后站立的女性可能是他的妻子，供桌对面的男子正在为他献上供品。

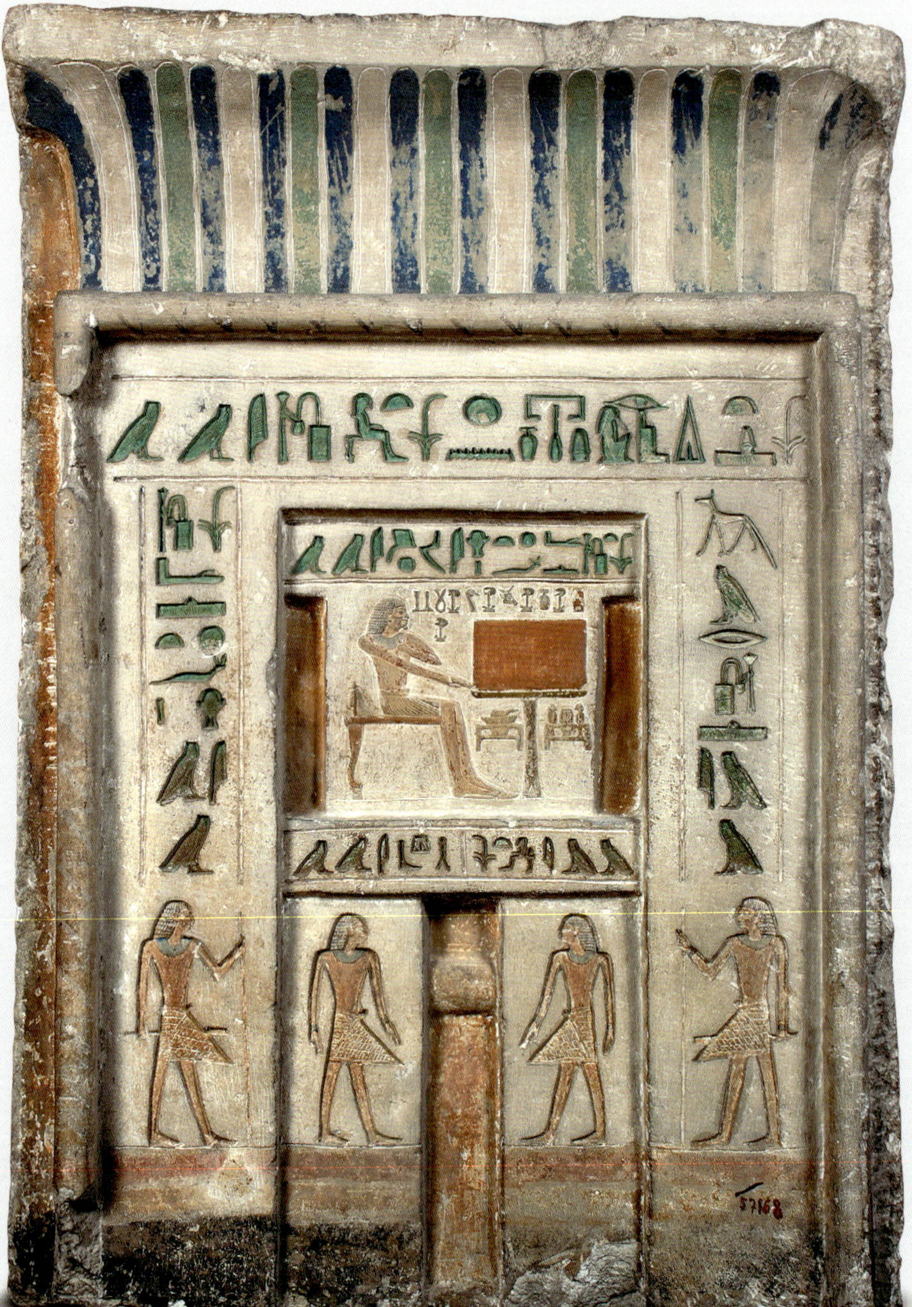

人敬献的供品，从而维持来世的生命。供桌室的墙壁上还有表现死者的亲人和死者生前的仆人制作供品并把它们运到死者墓室的场景。这些浮雕和壁画旁边还有为死者准备的各种供品的单子；在特定的条件下，这些供品单子会变成实物，防止死者复活以后因为缺吃少喝而再次遭受死亡。死者的卡会穿过假门（图15），享用亲属们摆放在供桌上的食物。

《亡灵书》第52篇和第53篇强烈表达了死者在冥界绝不吞食粪便和喝尿液的决心，反映了古埃及人对缺吃少喝的恐惧心理。在第106篇，死者说出了理想的早餐应当是什么样子："啊，提供食物的伟大的神，你掌管着众神殿，普塔神的面包也来自你的手。请你也给我面包，也给我啤酒吧！愿我的早餐由一块后腰肉和烤制的面点构成。"第141篇则向死者的亲属提出了及时和足量提供供品的要求："应当在每月的第九天，一边为死者奉献面包、啤酒、牛肉、烤制的禽肉和香火，一边为他念诵这篇经文。"

图15　石灰岩彩绘假门
埃及国家博物馆藏
假门是古埃及墓葬建筑中最常见的元素之一和最主要的建筑特征之一。
这是古埃及墓葬中的典型假门，发现于萨卡拉的乌尼斯金字塔群附近。侧板上刻有死者头衔（国王的书吏、书吏的监督者）。假门顶部有花柱状的门楣，下面最外一环刻有象形文字铭文，正中央刻画了墓主人梅米坐在供桌前接受供奉的场景，画面的上下方也有象形文字铭文，内外两环的底部都各刻画有一对人像。假门的中央都有一个象征性的出口供死者的灵魂进出，铭文的内容大都是对墓主人品格和善行的肯定，以向神灵祈求保佑和庇护。

由于担心所有这些保障供品的措施失效，《亡灵书》还以图文并茂的形式表现了死者与其妻子一起在来世耕耘和收获的意愿和能力。墓主人在来世与妻子刀耕火种，毕竟是不得已的事情。为了保证在来世有足够的食物，但又无须自己做体力劳动，古埃及人在坟墓里放置数量不等的小雕像，这些用不同材质制作的雕像尺寸不一。它们被称为"乌萨布提"（图 16），在象形文字里表示"回答"。它们在冥界听从墓主人的呼唤，随时完成体力劳动。根据每个乌萨布提的不同职能，古埃及艺术家们对它们的刻画也有所区别。有的乌萨布提手持种地用的工具，有的则肩背篮子，而且它们的身上都刻写着它们在来世所应承担的工作，比如有的乌萨布提身上刻有"我会随叫随到"之类的文字。有一位名叫内菲尔伊布萨奈特的人，其位于萨卡拉的墓中共计出土了 336 个"乌萨布提"。在《亡灵书》第 6 篇，死者向聚集在墓室的众多乌萨布提提出了如下的要求："啊，你们这些乌萨布提，当我在来世需要做苦力，因为那是每个死者都必须付出的劳动，当我在那里需要做那些活儿的时候，你们应当为我代劳，即耕种土地、引水灌溉，把堆积的沙子搬走、把积肥运到河对岸。你们应当说：'我们来做这些事，我们来了！'"（图 17）

在第 26 王朝时期，一位名叫卡拉卡蒙的官吏在今卢克索西部建造坟墓，墓室墙壁上刻写了大量《亡灵书》经文。在发掘清理工作尚未完全结束的情况下，考古人员已经发现 57 篇。其中，34 篇出现在第一柱厅，22 篇在第二柱厅；而《亡灵书》第 125 篇则被刻写在棺材室。很显然，墓主人试图在坟墓这个三维空间里构建《亡灵书》所表现的来世。从时间维度上看，《亡灵书》中的经文描述了死者接受审判并被奥西里斯接纳的过程；从空间维度上看，这个过程的展开是从墓室入口到墓室尽头，墓室尽头被想象为东方地平线，死者入葬等于进入冥界，他获得新生相当于完成夜行的太阳在东方升起。卡拉卡蒙把通常书写在二维平面上的《亡灵书》刻写在三维的墓室里，在这里，他让坟墓充当死者完成生死转换伟大工程的场所，坟墓的这一功能得到了淋漓尽致的演绎。

图 16 放置在木盒中的乌萨布提
萨卡拉考古遗址出土

[8972]
SEPULCHRAL FIGURE of
PTAHMERI a naval officer
of one of the PSAMMETICI
INSCRIBED with the 6th
CHAPTER OF THE RITUAL
[XXVI DYNASTY]

[35225]
Bequeathed by
Capt. Myers, 1901

32192.

12 [32192]
USHABTI OF PRINCE
AMENHETEP'S CRAFTSMAN,
MENKHEPER.
INSCRIBED WITH A VERSION
OF THE VIth CHAPTER OF
THE BOOK OF THE DEAD.
[XVIIIth Dynasty: about 1450 B.C.]
Limestone.

[33937]
SHABTI OF NEBSMENNU,
KING'S SCRIBE AND
SCRIBE OF THE TREASURY,
IN ORDINARY FULL DRESS.
Painted limestone.   [XIXth Dynasty]

8987

SEPULCHRAL FIGURE of
[8987] HARIRINAA,
A FUNCTIONARY,
INSCRIBED with the 6TH
CHAPTER of the RITUAL
Glazed composition   [XXVIth Dynasty]

图 17-1　乌萨布提
　　　　腿部经常刻写《亡灵书》第 6 篇。
　　　　大英博物馆藏

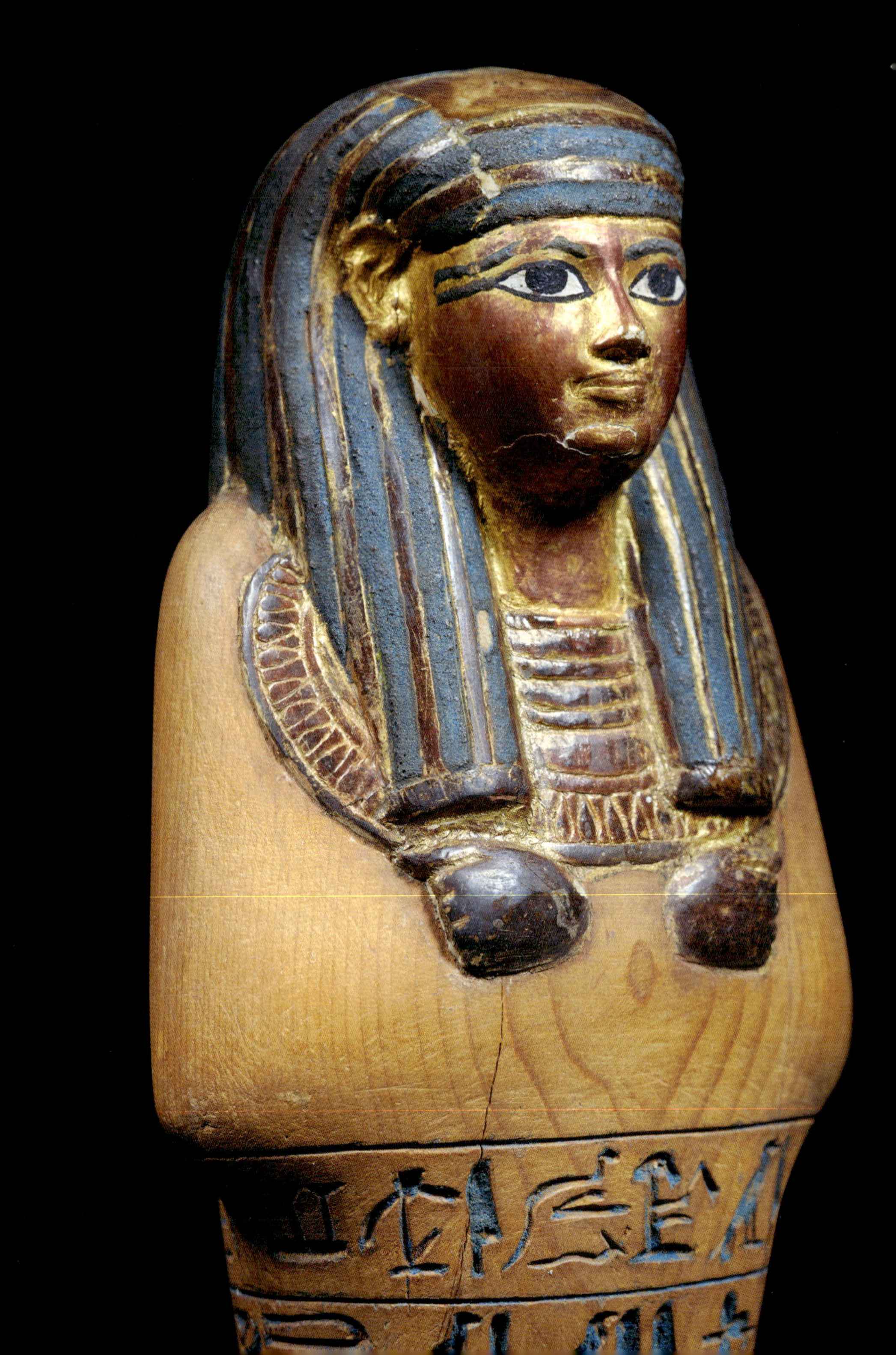

图 17-2　乌萨布提
埃及国家博物馆藏

萨卡拉的秘密
——古埃及的
复古主义与文化记忆

颜海英

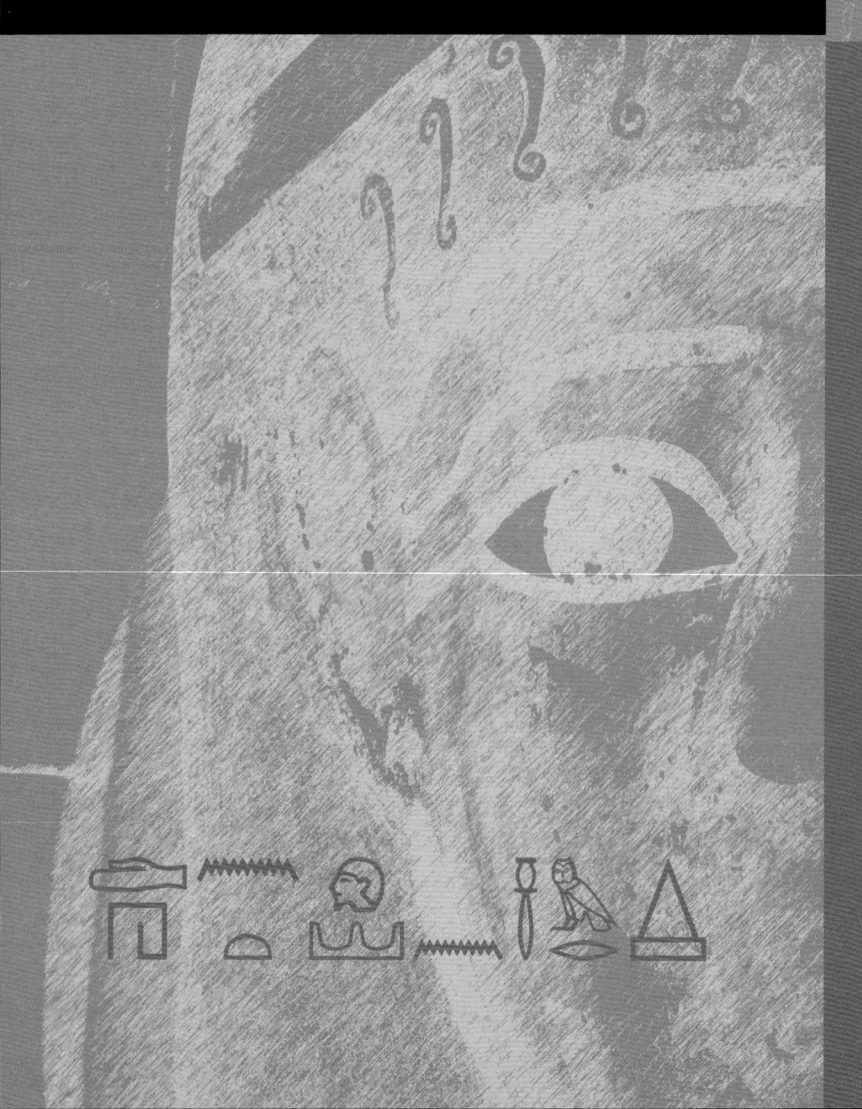

萨卡拉是埃及最古老的都城——孟菲斯的墓区之一。它既是整个孟菲斯墓区的核心，亦是古埃及人文化记忆的原点和"历史"的开端。正因如此，萨卡拉不仅在古埃及文明的早期地位显著，在此后的历史时期中，它也成为了复古主义的重要粉本，促成了第二次和第三次造墓高峰。以萨卡拉为代表的文化再造并非只是单调的重复，其内部还存在着更为深刻的张力，并与古埃及的"除忆"传统互为表里。在一段新的记忆重塑或"复古"过程中，曾经遭到除忆的对象反而可能会"复活"，而混乱时代所导致的创伤，也便得以被一个宇宙论式的"未来"安顿下来。这种介于遗忘与记忆之间的"永恒回归"，既是古埃及人对自我认同的不懈追寻，也是人类面对"他者"，平衡过去与现在、神圣与凡俗的宝贵试炼。

古都传奇

开罗以南约 30 公里，坐落着世界上最古老金字塔的古代埃及圣地——萨卡拉。自 2019 年开始，萨卡拉集中发现大批的木棺、木乃伊，而且可以预见，很快还会继续有新的发现，这与萨卡拉的特殊历史地位有关系。（图 1）

图 1　萨卡拉考古现场

萨卡拉是埃及最古老的都城——孟菲斯的墓区之一。由于尼罗河淤泥的堆积，孟菲斯城现在基本已被埋在耕地和当代建筑下面，几近消失，只在米特拉赫纳和萨卡拉还有一小部分遗存。在古代，它是早王朝（公元前 3000—前 2686 年）和古王国时期（公元前 2686—前 2160 年）埃及的都城，后来的国王也常常在这里建造自己的王宫。孟菲斯的神庙是全国最重要的神庙之一。有学者认为，现在我们使用的"埃及"一词，就是来自新王国时期一个孟菲斯神庙的名字——"Hikuptah"，意思是"普塔神灵魂之庙"，这个名字在希腊语中读作"Aigyptos"，英语中的"Egypt"便由此而来。在古代埃及，并没有一个词能够用来表示整个孟菲斯墓区，只有表示具体某个地方的名字，如吉萨南部叫罗塞陶（Rosetau）。墓区分布在尼罗河西岸的沙漠，南北长约 30 公里，在现代主要由以下几个地方组成：达舒尔、萨卡拉、阿布西尔、扎乌伊特-阿岩、吉萨、阿布-拉瓦什。这些地方的名字主要来自附近的当代村落。

萨卡拉是整个孟菲斯墓区最重要的区域，它长约 6 公里，宽约 1.5 公里。在萨卡拉发现的最早的王名是纳尔迈（约公元前 3050 年），最早的王陵是国王阿哈（约公元前 3000 年）的马斯塔巴墓。在萨卡拉共发现了第 3 到第 13 王朝（公元前 2686—前 1650 年）的 15 座金字塔，其中许多现在看起来只是一个小土堆。梯形金字塔是第 3 王朝第 2 位国王乔赛尔建造的，时间约为公元前 2630 年。（图 2）这是埃及历史上第一个金字塔，也是最早大规模使用石材的建筑。除了王陵，萨卡拉也是贵族墓地、动物木乃伊埋葬极其密集的地方。几千年来，这里的造墓活动没有停止过，但出现过三次造墓高峰，第一次是早王朝和古王国时期，第 1—10 王朝（公元前 3000—前 2125 年）的贵族墓都围绕着金字塔。此后到第 18 王朝（公元前 1390—前 1352 年）阿蒙荷太普三世期间墓地较少，第二个造墓高峰是新王国后期（公元前 1352—前 1336 年），埃赫纳吞宗教改革之后；而第三个造墓高峰是第 26 王朝（公元前 664—前 525 年）开始到希腊罗马时期（公元前 332—公元 395 年）。

萨卡拉的岩石不适合造岩凿墓，早期的墓大多是泥砖制的马斯塔巴墓，被盗严重。经过两千多年的探索，到第 26 王朝时陵墓设计者终于

发明了一种相对安全的竖井墓：圆顶的墓室在地下深处，上面是一个长长的通道，里面灌满了沙子。对盗墓贼来说，掏尽这些沙子比撬开石板封门困难得多。该时期的墓重要分布在梯形金字塔的周围，北边通往塞拉皮雍的路上，主要是第 30 王朝（公元前 380—前 343 年）和希腊罗马时期的墓；东边乌瑟卡夫（Userkaf，公元前 2494—前 2487 年）金字塔附近是竖井墓的主要分布区，再往东去的峭壁上是岩凿墓——这些墓都是第 26 王朝的；西边主要是希腊罗马时期的墓；南边的乌纳斯金字塔附近，主要是第 26、第 27 王朝的墓，也有一个托勒密时期的大墓。安葬圣牛阿皮斯的塞拉皮雍是萨卡拉最重要的动物墓区，从拉美西斯二世时期开始使用，并与萨卡拉的"神圣地理学"有内在贯连。

图 2　乔赛尔像
　　　古王国时期
　　　萨卡拉考古遗址出土
　　　埃及国家博物馆藏

第 30 王朝的尼克塔尼布一世和二世是塞拉皮雍的主要修建者,塞拉皮雍通往孟菲斯的狮身人面大道就是尼克塔尼布一世时期修建的。这些狮身人面雕像后来被风沙掩埋,到 19 世纪初时,人们已不知道塞拉皮雍在什么地方了。1850 年,马里埃特看到一个从沙子中露出来的雕像头部,忽然间意识到古典作家记载的塞拉皮雍就在萨卡拉,经过发掘,塞拉皮雍才重现在世人面前。

1965 年,在梯形金字塔东北约半公里处发现了巨大的动物木乃伊墓地,它一直使用到公元 383 年。在这里发现了朱鹭、鹰、狒狒和圣母牛的木乃伊,古埃及人认为圣母牛是阿匹斯圣牛的母亲伊西斯女神的化身。范斯莱布在 The Present State of Egypt 中即曾生动描述彼时鸟类地下墓穴的保存情况:

> 我们参观的第一个竖井藏有鸟木乃伊。我们移去其入口处的黄沙,从井口往下,然后直至抵达洞穴;我们一个跟着一个,腰上系着双重绳索。刚一下到底,大家就立马点燃了火柴,匍匐着进入洞穴。洞穴是岩石内部的狭长通道,约有一人高,不太宽(breadth of a Perch),但延伸的距离极其长。我们发现两边都有许多凿进岩壁的岔路,各自贮存着大量物件,满是盖着陶土盖子的陶土罐。这些罐子里装着各种各样的鸟木乃伊,每只鸟都拥有自己独立的罐子。想到这个古老而迷信的习俗值得关注,于是我就带走了半打,并送去了国王图书馆。我们还找到了一些鸡蛋,空的却完整,也没有任何异味。

在该墓地的前面,还发现了一个号称是"阿匹斯之母"的神庙及其他一些小祠堂。同时,这里还是金字塔设计师伊蒙荷太普(Imhotep)的墓葬之所在。即使他的墓葬还未被发现,对其的搜寻行动与神圣动物大墓地的发掘和研究紧密相关。

凡此种种,皆体现出萨卡拉对于古埃及人的重要意义。而在这些显见的考古景观背后,其实更承载着深刻的神圣信仰与世界想象,并将观念和现实、过去与未来加以连接,呈现出这片黑土地上千年历史的永恒回响。

文化圣地

孟菲斯是古埃及历史上第一个都城，自公元前 3000 年开始就是重要的政治和管理中心，它最古老的名字是 Ineb-hedj，意为"白墙"，可能就是指当时城市的样子。最有意思的是，中王国时期它被称作 Ankh-tawy，即"将两块土地连接在一起者"，形象地强调了孟菲斯地处上下埃及交界之处的重要地理位置。这可能也是第 1 王朝统治者选择这里做都城的原因。作为都城的墓区，萨卡拉除了王陵还有大量贵族墓及动物墓葬，是可以理解的。更为特别的是，第二次和第三次造墓高峰的出现都是出于回归传统的复古之举。在古代埃及的文化语境中，复古，或者"复兴"与"重生"同义，即"wHm-mswt"，既有着明确的宗教意涵，也同古埃及人的历史观与世界想象紧密联结，即对创世行为的再现。在不同的历史时期，复兴的具体表现也不尽相同。最早在中王国第 12 王朝时期，国王就将这一概念用于了自身王名当中，以表达"玛阿特"即秩序（Maat）重塑与反复创世的意象，从而强调自身神圣王权的合法性。

第 19 王朝（公元前 1295—前 1186 年）面临着第 18 王朝（公元前 1550—前 1295 年）埃赫纳吞宗教改革留下的集体创伤，埃赫纳吞主张独尊太阳神阿吞，并破坏部分阿蒙神庙等纪念物，对传统的多神信仰体系造成巨大的冲击。第 19 王朝以后的王表多以一位叫做"美尼斯"的人为第 1 王朝的第一王。这一传统为希腊人统治时期的曼尼托继承。而考古学家迄今为止没有发现关于美尼斯的任何纪念物或者其他遗存，也就是说，我们至今仍无法以考古材料证明他的存在。这个名字本身有三种可能的含义：mn（空白处），mn-nfr（Memphis，孟菲斯），mn（创始人）。从后两个含义中，我们看到了熟悉的"孟菲斯"信息，新王国后期的王表传统对孟菲斯的回归和强调，是以文化记忆巩固传统、修复政治创伤的举措。（图 3、图 4）

新王国时期的贵族墓大多是图坦卡蒙至拉美西斯二世这期间的。埃赫纳吞宗教改革失败后，他的新都阿玛尔纳被弃置，孟菲斯重又成为都城，直至拉美西斯二世将都城再次迁往三角洲东北的"拉美西斯之屋（Pr-Ra-msi-sw）"，这之间有 100 多年的时间，是萨卡拉私人墓建造的黄金时期,其浮雕的艺术水平达到新王国时期的最顶峰。其中最重要的是赫伦布之墓,他是第 18 王朝图坦卡蒙(图 5)和阿伊两位国王的将军,后来通过与埃赫纳吞的王后纳芙蒂蒂的妹妹联姻而成为这个王朝最后一位国王。他还是大臣时,在萨卡拉为自己和未来王后准备了墓葬,成为国王后,又在底比斯的帝王谷建造了陵墓。帝王谷 57 号墓早在 1908 年就已经发现,而萨卡拉的墓直到 1975 年才发现。赫伦布不仅继承了图特摩斯家族所重构的"复兴"观念,甚至还自称将"如月般重生",俨然把国王在塞德节上的年岁赓续与国祚之绵延等同了起来,其力图涤荡埃赫纳吞改革风气之志昭然若揭。赫伦布以降,国王塞提一世又将这一观念进一步扩充,并用作了他的两女神名(WHm-mswt Sxm-xpS Dr-pDt-psDt,"中兴圣主,孔武善战,弭定四方")。更为重要的是,在

图 3　埃赫纳吞像　第 18 王朝　埃及国家博物馆藏

图 4　埃赫纳吞正在举行崇拜阿吞神的宗教仪式
第 18 王朝　埃及国家博物馆藏

卡尔纳克神庙多柱大厅北外墙的铭刻中，塞提一世还把"复兴"当作了"年号"（HAt-sp 1 wHm-mswt），赋予其极强的政治意味。不过，与后来持续以此为年号并由此衍生出著名年代学疑难的拉美西斯十一世不同，塞提一世似乎仅是将其作为自己首年统治的某种修饰语，而非严格意义上历时性的年号，且此后再未使用。与此类似的还有另一个意为"永恒之始"（HAt nHH Ssp Dt）的"年号"。

第 26 王朝在埃及历史上也以复兴传统文化而闻名。当时的埃及面临亚述和努比亚人的威胁，内部有南方底比斯的离心。内忧外患的情况下，该王朝的统治者以复古运动来强化自己的合法性，增强凝聚力。在萨卡拉发现了很多复古运动的痕迹，如乔赛尔梯形金字塔的地下长廊中，浮雕上就有后人为了仿制而刻画的格层，这个地下部分是第 26 王朝时期才打开的，因此仿古的格层也最可能是这个时期的产物。最值得注意的是大英博物馆收藏的一座第 26 王朝或者更晚时候的乔赛尔雕像（BM941）与乔赛尔梯形金字塔旁边的雕像屋发现的雕像高度相似，显然是以第 3 王朝的雕像为原型仿制的。这个时期还出现了乔赛尔大祭司的头衔，显然把乔赛尔神化了。

之所以在王朝晚期出现如此频繁且重要的复古运动，根本上是由于，与新王国以前之自在发展和帝国时代的兼收并蓄皆为不同，拉美西斯王朝晚期以来的古埃及人先后面临着宫闱政变后帝室内部的分裂与倾轧、利比亚人和海上民族的冲击、前者与努比亚人之先后征服，乃至亚述人、波斯人、马其顿人等外来文明对于本土政权的釜底抽薪。在这一铁器帝国纷纷崛起，并以昔日之"野蛮"征服"文明"的时代，包括埃及在内的诸早期高级文化纷纷以转向内在的方式赓续着日渐衰微的传统。不过，阿斯曼等学者即指出，与其他走向将文本"正典化"的诸文明不同，晚期古埃及人是以神庙这种"把神圣文献实体化了的'平面图（snt）'"载刻其文化记忆。其中，和图像互为表里的象形文字即通过不断地扩充符号以尽可能留住整个埃及世界。与此相呼应，作为图像的诸神、圣书等也不断增多。这种所谓的"泛滥"，与其说是神圣观念的消解，毋宁说是其对于自身世界的反思与回护。而之所以能够"礼崩乐坏"，根本上则是由于既有礼制所依附的神圣载体业已悄然发生了变化：在传统的古埃及社会中，这便是神圣的王权本身；而当王权经由晚期帝国之衰微、第三中间期时代的几度崩解，乃至波斯和马其顿人所带来的异族创伤之时，面目全非而徒有其名的"法老"，显然已经不再能够安顿传统文化与埃及人的内心世界；取而代之的，便是帝国晚期以来文化精英对古代传统的无尽怀想。正因如此，既然王权已经不再神圣，那么由其而生的诸般礼制也就没有了延续的必要，神庙、"生命之屋"乃至每个人的内心世界成了真正的舞台，崭新的"礼制"遂应运而生。因此，虽然诸异族文化并没有完全消解古埃及的历史传统，甚至反而刺激了其对于"自我认同"的追寻，但"他者"所带来的冲击与震撼却是极为强劲而真切的。这意味着，对于古埃及晚期的文化精英而言，如何在过去与现在、神圣与凡俗中求得某种平衡，从而既为他者"解密"，又使自己得以宽释，依然是一个极为严峻且无以回避的问题，而对遥远过去的再现，无疑乃个中关键。于是，作为这一复古运动的结果，大量贵族墓葬及神圣动物墓葬在萨卡拉再次出现。

古埃及人有着悠久的"朝圣"传统。古老的宗教中心既是他们前往朝拜、参加宗教仪式的目的地，也是他们选择墓地或者建造神庙之处，很多千年之前的古墓被再次利用。阿拜多斯最早成为这样的圣地，人们深信冥神奥西里斯之墓就在那里。孟菲斯的主神是普塔，其变体普塔-索卡尔神的祭祀中心、还愿物等亦在萨卡拉有所发现。而后期埃及也是动物崇拜最为兴盛的时期，作为朝圣中心，当时的萨卡拉应该也有专门的加工制作动物木乃伊、雕像、护身符等的作坊。

但是，复古不是泥古，萨卡拉的"复兴"与再造也不是单调的重复，其内部还存在着更加深刻的张力，并与古埃及的"除忆"传统互为表里，体现出了不同时代间的变与不变。在最近的考古发掘中，萨卡拉特提金字塔附近出土了大量第 19 王朝时期的物质遗存，包括来自克里特、叙利亚和巴勒斯坦的陶器。这不啻表明，在新王国的这一阶段中，萨卡拉地区存在着某种对于国王特提家族的崇拜氛围。然而，与这些发现同时映入人眼帘的，还有一位在这座古都被尘封了数千年的神秘王后，她虽贵为第 6 王朝之帝胄,却始终不见于相关文献。对于这位"消失的王后"的考察有助于全面理解萨卡拉这座古埃及圣地在文化记忆中的复杂变迁,同时揭示出这一复古主义背后的多元面貌。

传统中的未来

在古埃及历史上,重要人物乃至国王的"消失"并非完全没有成例。相反,这种被学者们称作"除忆"的现象,正是古埃及人通过改造过去,而塑造自身文化记忆与历史图景的重要手段。其中最著名的例子,便是前文提及的埃赫纳吞。在他统治时期,对于阿吞的崇拜大行其道,诸如阿蒙、奥西里斯等传统神祇遭到了边缘化,就连都城底比斯都被废弃,皇亲国戚尽皆徙往沙漠中的新都埃赫塔吞(即今阿玛尔纳)。埃赫纳吞的"离经叛道"之举很快引发了整个帝国范围内的巨大动荡,并在其去世后悉数废弃,他本人的名字亦从王表中被永远地抹去了。和埃赫纳吞一样为王表所除名者,还有此前以女主之身当国的哈特谢普苏特(图6)。

图6　哈特谢普苏特像
新王国时期
埃及国家博物馆藏

当然,"除忆"不可能是绝对的,而更多的是一种避而不谈的"讳言"。这种对于记忆的拣选之所以能够实现,很大程度上也是由于古埃及人对于"名字"的重视。在他们看来,名字不仅仅意味着一个人表面的标签,更是其存活于世的不二证明,承载着作为生命根本的"卡"和"巴"。在此意义上,一个"历史人"名字被人遗忘,实际上也就意味着其作为"宗教人"的永死与消失。

2020年初,在萨卡拉这座充满无限可能的早期遗址群中,埃及考古学家扎黑·哈瓦斯宣布发现了一个被尘封数千年的秘密——古埃及第6王朝首位国王特提(约公元前2345——前2333在位)的那位不为人知的妻子。事实上,早在2010年,考古队即已于特提金字塔旁发现了一座佚名的王后金字塔,而此时所发现的祭庙遗迹无疑揭开了这位王后神秘的面纱。哈瓦斯在声明中指出,该祭庙的墙壁和门口一块倒下的石碑上皆镌刻了其主人之名:奈阿丽特(Nearit)王后。更为重要的是,萨卡拉考古新发现中所见的这一名谓,全然不为既有的古埃及文献所载。他指出,这位王后甚至可能还是国王的女儿,而若此属实,则奈阿丽特将会是古埃及历史上获此双重身份的第一人。换言之,这位奈阿丽特既可能是特提国王的王后,乌纳斯的女儿;也有可能是特提的女儿,也就是后来短暂"篡位"者乌塞尔卡拉的妻子。在该祭庙的东南侧,埃及考古队还发现了3个用于存放陵寝供物、祭品与相关器皿的泥砖仓房。与此同时,在该遗址区还出土了52个用于安葬的竖井,其中放置有数百具新王国时期(约公元前1570—前1070年)的人形木棺。哈瓦斯指出,这是在萨卡拉地区首次发现距今3000年前的棺椁,这些木棺上绘制了彼时人们所奉诸神及传统墓葬文献中的内容。竖井中甚至还出土了一幅长达4米、宽约1米的《亡灵书》第十七章莎草纸抄本。

如同埃赫纳吞在现代学者努力下的"死而复活",第6王朝王后奈阿丽特之名的重见天日可能亦非偶然,而是基于古代世界内在逻辑的一种"重生"。

第5、第6王朝之交,古王国(约公元前2686—前2181年)业已迈过其最为鼎盛之阶段,神圣王权的话语体系看起来仍是不刊之论,孟菲斯家族之荣光也依然如同其所建金字塔般闪耀,但诸多潜藏祸患的暗流其实已然开始滋长乃至涌动。与埃赫纳吞及其先王所面临的情形相似,由金字塔时代所拉开的太阳崇拜极大地提升了太阳神拉的地位。到了第 5 王朝时期(约公元前 2498—前 2345 年),以太阳神庙为核心的建筑群逐渐取代了金字塔的独尊地位,而为其所承载的太阳崇拜亦由此臻于极致。然而,太阳神的崇拜中心却并不在王都孟菲斯,而是位于北部的赫里欧波利斯,孟菲斯的守护神实际上是普塔——这便难免使得二者之间日渐生发出亟待弥合之张力。首先对此假以转圜的,很可能正是第 5 王朝的末代君主乌纳斯(约公元前 2375—前 2345 年在位)。事实上,"乌纳斯"(𓃹𓈖, Wnis)这个王名本身便彰显了与过往的某种决裂:在古埃及国王所拥有的 5 个名字(荷鲁斯名、两女神名、金荷鲁斯名、上下埃及之王名 / 王名、拉神之子名 / 出生名)中,皆不再包含太阳神"拉"之语词,甚至就连其拉神之子名都未获得见。与此相应,围绕普塔创世展开的孟菲斯神论也恰于彼时悄然兴起,进而成了以拉神为核心的赫里欧波利斯神论之劲敌。而即便是在传统的金字塔陵寝中,具体的仪式场域也发生了改变,由此便出现了人类历史上首部墓葬文献,即《乌纳斯金字塔铭文》。

  凡此种种,皆让孟菲斯与赫里欧波利斯之间的神圣龃龉变得愈发表面化。但"革新伟业"的危险尚未止于此,一个更大的隐患随着乌纳斯撒手人寰而浮现,并最终促成了曼尼托记载中的王朝更迭——这便是国王本人的无嗣之苦。正因如此,开创了第 6 王朝的特提与乌纳斯的血缘关系其实并不明朗,前者很可能只是凭借迎娶后者的嫡女伊普特才得以上位。于是,这一不尽顺遂的王位继承过程便与乌纳斯的诸般革新举措一道,为此后的第 6 王朝笼罩上了一层挥之不去的阴云。不过,新即位的特提依旧承袭了乌纳斯之志,他的王名(𓏏𓏏, Tti)同样不具有包括"拉神"在内的实际意涵,且亦无独立的拉神之子名。但是,"拉神之子"的称谓毕竟仍在其名号中出现了,或许是在暗示新王特提曾试图于乌纳斯革新与太阳神信仰之间寻求某种平衡。然而,这种妥协却并未得到良善之回应:国王本人可能正是被一位叛变的近卫所杀,而此举便与其沿袭乌纳斯之所为不无关系。特提殒命后,乌塞尔卡拉或便"篡位"而上,

萨卡拉神圣动物墓区示意图

- 朱鹭的地下墓穴（北）
- 阿匹斯神牛之母的地下墓穴
- 伊西斯神庙
- 赫斯拉墓
- 赫马卡墓
- 狒狒的地下墓穴
- 隼的地下墓穴
- "首领之桥"墓地
- 朱鹭的地下墓穴（南）
- 狗（阿努比斯）的地下墓穴
- 塞拉皮斯神庙
- 斯芬克斯大道
- 卡格姆尼的马斯塔巴墓
- 阿努比斯
- 梅勒鲁卡的马斯塔巴墓
- 阿匹斯神牛的地下墓穴
- 乌塞尔卡夫金字塔
- 特提金字塔
- 玛娅墓
- 乔赛尔墓区
- 瓦提耶墓
- 第二王朝围场
- 乔赛尔金字塔（梯形金字塔）
- 巴斯泰特神
- 克努姆霍特普与尼安赫克努姆的马斯塔巴墓
- 乌纳斯金字塔
- 塞赫姆赫特墓区
- "首领之桥"围场（大围场）
- 乌纳斯甬道
- 赫伦布墓
- 玛雅墓
- 提阿夫妇墓
- 塞赫姆赫特金字塔
- 普塔姆维阿墓
- 梅里奈斯墓
- 伊纽阿墓
- 培、莱阿父子合葬墓

N

0　250　500

其名显然重新回到了尊崇拉神的传统之中。但乌塞尔卡拉也并未享国久长，他很快就被先后伊普特推翻，特提的幼子佩皮一世由此得位，而伊普特也便能够权倾朝野，那位先王的宠妃奈阿丽特或许正是因此而落寞星沉。至此，纯粹回归传统的可能遂遭彻底剪除，但盛极一时的古王国亦冉冉行暮，并在佩皮二世那近半个世纪的漫长统治之后走向了终结。

如上所述，如若置于第 6 王朝（约公元前 2345—前 2181 年）前期振荡不安的时代背景下，这位"消失的王后"也便不尽吊诡了。不过，假设奈阿丽特真的只是以宠妃之身受妒而死，她可能还不至于遭到置乎永死般的除忆。唯一会令这位权后如此决绝的，应该只有更高意义上的信仰危机，亦即在乌塞尔卡拉之际趋于极端的弑君"篡位"。实际上，与奈阿丽特的情形相似，许多曾参与政变或为乌塞尔卡拉效力的大臣都在"名字"与"图像"等意义上被除忆了。另一方面，如前所述，特提本人之所以能够成为国王，正是因为其迎娶了先王的嫡女。由此，更加可能的解释是，这位身份不明的乌塞尔卡拉应当也同样援引了长公主继承的法理源流，而他所迎娶的那位公主，或许便是奈阿丽特。也只有如此，奈阿丽特才必须从记忆中被彻底地抹除，甚至最终成为一个"从未有过"的人——如同幸运的乌塞尔卡拉和不幸的埃赫纳吞一般。事实上，王朝更迭之际的信仰嬗变，亦投射到了后来的文化记忆之中。佩皮一世继位后，便旋即重新遴选了贴身近卫来保障自己的生命安全，并任命老臣温尼为其统领。在温尼的墓志中，果真记载了另一起由王后维瑞特-雅姆特斯密谋发起的未遂政变，这亦为奈阿丽特的神秘身份提供了某种镜鉴。当然，奈阿丽特究竟是佩皮时代失势的先王妃子，还是乌塞尔卡拉得以"篡位"的法理依凭，仍有待可资进一步确证的相关考古材料之出土。

与招致"永死"的奈阿丽特略有不同，在新王国 19 王朝塞提一世时期的阿拜多斯王表中，作为"篡位者"的乌塞尔卡拉之王名却得到了明确的记载。这可能便是奈阿丽特祭庙遗址区大量 19 王朝棺椁与祭品得以出土的深因：彼时萨卡拉人所崇奉的对象，或许不仅仅是广义上的特提家族，而是更为明确地指向了王后奈阿丽特。这种颠覆乌纳斯"正统"而对于此前更早传统迟到的回归，便又和第 19 王朝自身旨在抹去埃赫纳吞印记的复古浪潮密切相关。于是，在一段新的记忆重塑或"复古"过程中，曾经遭到除忆的对象反而复活了，既往改革所导致的强大张力，也就重新在内在层面上被一个忽远忽近的未来安顿了下来——这可能便构成了某种颇富"戏剧性"的记忆交错与"永恒的回归"。这就意味着，文化记忆不仅仅是一种抽象的观念，而恰恰是最实在、最具体的理念，深刻影响着现实社会，并构成了古埃及人思维与实践的基本谱系。而诸如奈阿丽特和乌塞尔卡拉在拉美西斯时代的"复活"，抑或塔尼斯、努比亚和塞易斯时代对既往传统的再造及其深远影响，也便构成了文化记忆的现实意义。

在萨卡拉，不乏这样反复于遗忘和记忆、观念与现实之间的案例，这座屹立了数千年的古代都城，正因其深厚的历史底蕴和神圣意义，始终潜藏着推陈出新、革故鼎新的强大动力，是古代埃及世界的桂冠上最亮眼的一颗明珠。而事实上，这种循环而非线性、完满而非干瘪的时间想象和自我认知，正是揭橥古埃及文明之神秘星空的重要视阈。也唯有如此，层累交错的文化密码才有可能被破译，从而释放出这一古老文明的真正遗产，为现代社会提供更富历史感而超越纯粹历史意义的恒远启示。

"永恒回归的神话"

正是因为萨卡拉蕴藏着高度复杂的历史命脉，在一次次复古与再造的浪潮中，这座古代世界最重要的都城才能不断焕发生机与活力，并持续推动着文明的复兴，成为全人类共同的财富。萨卡拉在古代埃及世界中的独特地位也决定了，围绕其所展开的考古活动日新月异、意义非凡。

自2019年以来，埃及考古学家连续在萨卡拉发现贵族墓、木乃伊、彩绘木棺，2020年9月和10月还报道了共59个装有木乃伊的完整木棺的发现，以及大量的动物木乃伊（图7），包括极其特别的蛇的木乃伊、两个幼狮的木乃伊，大量神像，等

图7 萨卡拉考古遗址出土的动物木乃伊，由上到下分别是猴木乃伊、鳄鱼木乃伊和两件猫木乃伊

等。2020年11月14日，埃及文物部召开新闻发布会，宣布最近在萨卡拉发现100多具完整的彩绘木棺，里面有保存完好的木乃伊，此外还发现了40个墓地神普塔-索卡尔的雕像（图8），木乃伊面具（图9），等等。每当埃及旅游业低迷的时候，关于考古新发现的报道一定会特别隆重。这几次发布会都搭建了大型帐篷和展台，在上面直接展示木棺和木乃伊。10月份的发布会现场在台上打开了一个木棺，展示里面的木乃伊，甚至还进而在现场对刚刚开棺的木乃伊进行X光检测，宣布其为一名40岁左右的男子。

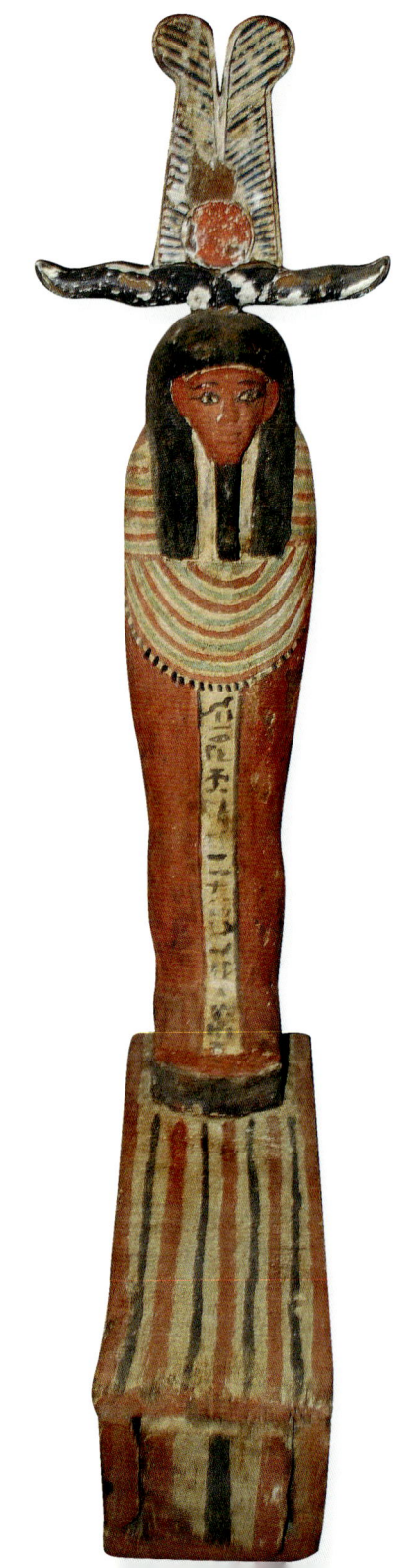

图8 彩绘普塔-索卡尔神像 后期埃及 萨卡拉考古遗址出土

图9 木乃伊面具
后期埃及
萨卡拉考古遗址出土

最早的木乃伊面具约出现于公元前2000年,它不是死者的肖像,而是一个表现年轻面孔的符号,是"面孔"这个词的象形文字符号的样子。它覆盖在木乃伊皱缩的面孔上,表达了古埃及人期望复活后恢复青春的愿望。这种面具是用废弃的纸莎草纸或亚麻布做成的,方法是把它们浸泡在水里,掺入少许石膏搅拌(有时只是用水浸湿,不搅拌),然后再做成不同大小的面具,晾干即可。这样的面具原料被叫作木乃伊板材(卡托内支),为古埃及所特有,这种制作面具的方法很接近中国古代的造纸术。面具做好后,下一步是在上面画上图案或是镀金,然后罩在木乃伊的头上。这种习俗可能与古王国时在木乃伊的亚麻布表面做身体轮廓有某种联系。到了新王国时期,木乃伊面具还戴上了浓密的假发。随着时间推移,木乃伊面具越来越精美,后来渐渐成了罩住整个木乃伊的罩具。在这些传统埃及木乃伊面具中,人物形象通常是正面的,没有过多的个性化表达,更多体现出其宗教象征意义。

图 10　萨卡拉考古遗址出土的部分彩绘木棺

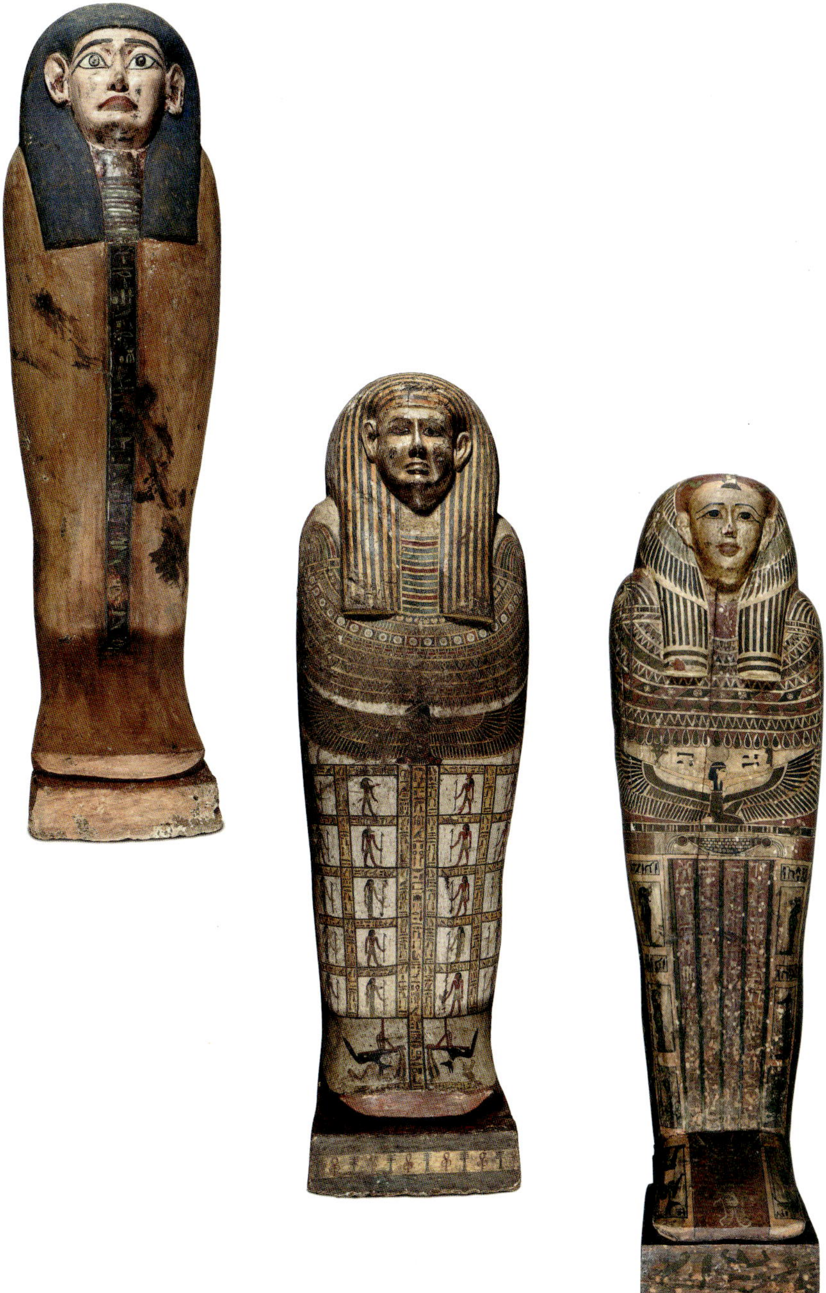

图 11　猫女神巴斯泰特像
　　　　后期埃及
　　　　埃及国家博物馆藏

Bubasteion 是希腊语名字，特指萨卡拉墓区入口处的猫神巴斯泰特祭祀区。据考证，新王国时期这里就有一座猫神庙，目前只有部分围墙保存下来，这是埃及境内存世不多的猫神庙遗址。在古埃及，巴斯泰特有三个重要的崇拜中心，其他两个为三角洲的布巴斯提斯，中部埃及的斯皮乌斯·阿提米多斯。在萨卡拉巴斯泰特祭祀区，自公元前 500 年以后开始大量埋葬猫木乃伊。与别处不同的是，萨卡拉的猫木乃伊是埋在千年之前的新王国时期的古墓里。古墓中的猫木乃伊与其他动物木乃伊混杂埋葬，这是埋葬动物木乃伊的常规做法。巴斯泰特集狮子与猫的特性于一身，有危险与温和两面。和其他母狮女神一样，巴斯泰特被看作太阳神"拉"的女儿、"拉神之眼"的化身，也是与月亮相关的"月之眼"。

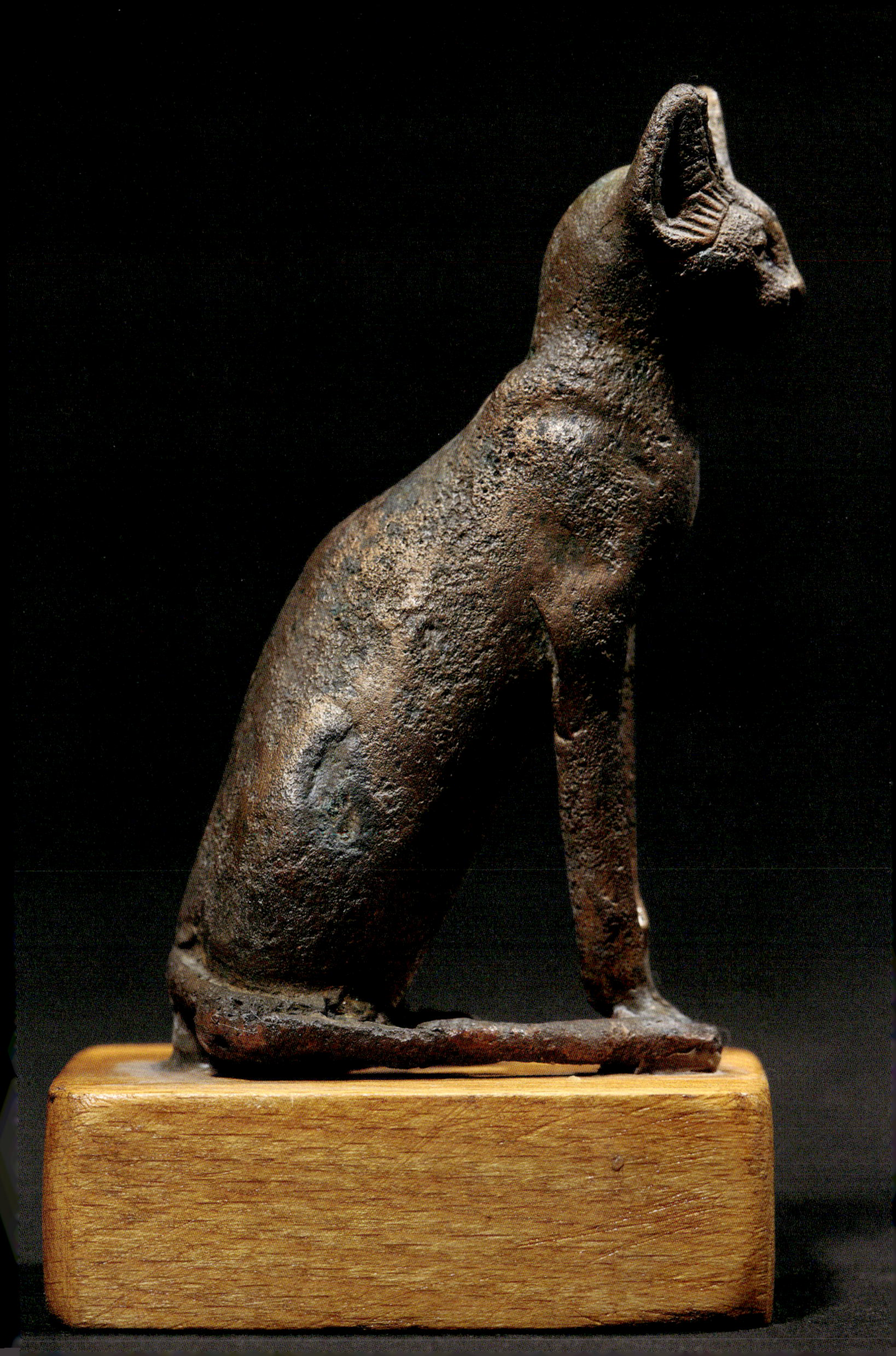

图 12

图 13

近年来，萨卡拉梯形金字塔北边又发现了 100 多具彩绘木棺（图 10），围绕猫女神巴斯泰特神庙分布（图 11），年代为第 26 王朝或者更晚。此处的很多古墓被后来的古埃及人再次利用，埋葬大量还愿用的猫神雕像（图 12）和猫木乃伊（图 13、图 14）。彩绘木棺出土于 3 个 12 米深的竖井墓。今年，中国与埃及还联合进行了木棺的扫描工作，力图推动埃及考古和历史研究运用新技术、步入新时代。中国与埃及同为文明古国，历史悠久、文脉绵长，两国在古代探研上的深入合作无疑将使萨卡拉这一人类共有的文化瑰宝转变为现代社会的公共知识，为当今世界的学术研究与文化发展带来动力。

作为古埃及人打造文化记忆的圣地，萨卡拉留下了各个时代的宗教实践和仪式庆典的遗迹。古埃及人将定都孟菲斯作为其历史的开端。它是一个圣地，也是一段回忆，更是在这二者基础上一段真实的思想史。在不同的历史时期，它给人们带来相同的希望。这也是文化记忆对我们的意义。

图 14

图 12　猫木雕（2 件）　后期埃及　萨卡拉考古遗址出土

图 13　猫的木乃伊　后期埃及　萨卡拉考古遗址出土

图 14　猫的木乃伊　萨卡拉地区 2019 年的考古发现

古埃及文字
与文学

王海利

文字篇

文字的发明很可能是除了人工取火技术之外，人类历史上取得的最重要的技术。人们常说，语言使人类与动物相区分，文字则使文明与野蛮相区分。显然，文字是人类进入文明社会的重要标志，可谓文明的灵魂。文字在塑造人类思维方面发挥了不可估量的作用，通过文字，人们可以看到世界，感受世界，憎恨世界，热爱世界，反抗世界。文字就像一枚三棱镜，透过它我们可以领略到这个世界的奇妙。

遗憾的是，文字的重要性远远没有得到应有的认识。什么是文字呢？对于西方人而言，文字只不过就是记录语言的符号。从世界上不同地区文字的产生来看，古代埃及文字、美索不达米亚文字、中国汉字等自源文字，并不仅仅是为记录语言而创造出来的，例如，古埃及文字的产生是与国家管理、经济活动密切相关的。传统观点认为，公元前3200年左右生活在美索不达米亚南部的苏美尔人创造了世界上最早的文字——楔形文字。然而，根据近些年来德国学者在埃及阿拜多斯附近的考古发掘来看，早在约公元前3320年，古埃及人就已经发明了文字，一些刻在陶罐、标牌上的诸如蝎子、大象、朱鹭等图像符号，已经具有了表音功能，可以称得上名副其实的文字了。因此，古埃及人很可能创造了世界上最早的文字。世界文字起源的历史可能需要重写。

古埃及文字的形体、结构及演变

古埃及文字曾经连续使用了4000年左右的时间，堪称世界上使用时间最长的古文字，其间经历了圣书体文字、祭司体文字、世俗体文字三种形体的演变。圣书体文字是古埃及文字的最早形体，同时也是使用寿命最长的形体，其中最典型的是刻写于约公元前3100年的纳尔迈调色板（图1）上的铭文，最晚的要算刻于约公元394年埃及南部菲莱岛庙宇上的铭文。公元前4世纪，当希腊人统治埃及之后，他们发现古埃及文字多半出现在神庙中，刻写于石头上，因此给埃及文字取了一个希腊语名字hieroglyphica。该词本身是一个合成词，hiero意为"神圣的"，glyphica意为"雕刻、刻写"，故二者合起来意为"神圣的刻写"。

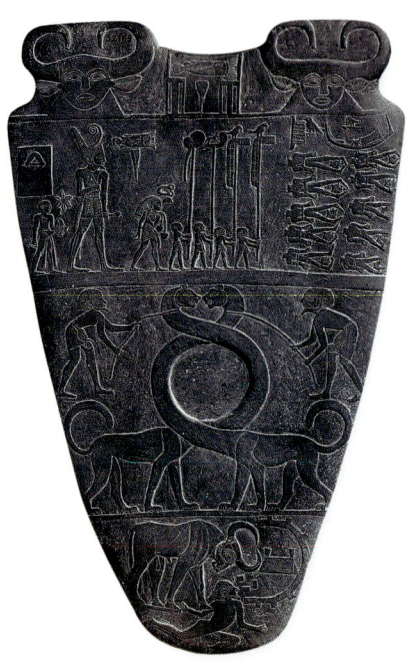

图 1　纳尔迈调色板
　　　约公元前 3100 年
　　　埃及国家博物馆藏

英文中使用的 hieroglyph，德文中使用的 Hieroglyphe，法文中使用的 hiéroglyphe，皆源自古希腊语。

圣书体文字由描绘具体的人、动物、植物及事物的各种图形符号构成，较常使用的符号大约有 700 个。英国埃及学家伽丁纳尔曾对这些符号进行过分类和统计，其中表示各种不同鸟类的符号就有 54 个，因此人们往往把这种文字戏称为"鸟文"。圣书体文字用途广泛，主要刻写在神庙或墓室的墙壁、木棺，或石棺、石碑之上，用于宗教活动的记载，也可以写在莎草纸卷上，用于书写官方及商业文件。圣书体文字的特点是描摹实物、刻画逼真、书写工整，并涂以颜料，兼具有装饰艺术之功效。

圣书体文字由表意符号、表音符号和限定符号三种符号构成。限定符号就是在一个词的词尾加上一个纯属表意的符号（本身并不发音），表示该词的范畴或类别所属，引导读者正确把握词意。举两个古埃及文字为例，"回答"在圣书体文字中写为：（埃及语读 wesheb），其中最后一个符号不发音，是限定符号，表示该词属于"说话"之范畴；"砍"写为：🦶🏻📿（埃及语读 weges），其中最后两个符号都不发音，都是限定符号，⟋表示刀之类的东西，⊏⊐表示力量，从而对"砍"进行准确地限定。由此看来，圣书体文字其实是一种比较完备而成熟的文字体系，正如美国埃及学家戴维斯所指出的那样，"它像我们今天使用的字母文字一样，能准确地表达各种复杂的语言信息"。

由于圣书体文字形体复杂、书写缓慢，经常使用该文字的祭司们在使用过程中，将其外形简化，采用圆笔的形式，创造出了一种行书体，即"祭司体"。最早的祭司体文字出现于古王国时期（约公元前 2575—前 2125 年），那时的祭司体文字与圣书体文字差别不大。到了中王国时期（约公元前 2010—前 1630 年）和新王国时期（约公元前 1539—前 1069 年），两者差异越来越大。大约从新王国后期（公元前 700 年左右）开始，祭司体又演变出来一种新的书写体——世俗体，即祭司体快速书写而形成的一种草书体。需要强调的是，虽然祭司体、世俗体与圣书体的文字形体发生了较大的差异，但文字的内部结构及性质并没有发生改变，而且圣书体文字并没有因祭司体和世俗体的出现而遭到废弃，相反圣书体使用时间最为久远，几乎贯穿了古埃及的整个历史。但是，圣书体文字的使用范围却越来越局限于纪念碑及雕像之上，且囿于宗教性内容，披上了一层神秘的面纱。（图 2）

图 2　最早的古埃及文字　阿拜多斯 U-j 墓出土

图 3　古埃及书吏使用的写字板　大英博物馆藏

古埃及文字象形但并非"象形文字"

由于圣书体文字具有形象性，人们往往以为一个表意符号的意义就是其图像所代表的实物。在某些情况下确实如此：例如，图像为公牛的圣书体文字，是意思为"公牛"的表意符号（埃及语读 ka）；图像为方尖碑的圣书体文字，是意思为"方尖碑"的表意符号（埃及语读 tehen）。不过，表意符号的图像与意义的关系并非都如此直接，很多表意符号并不表示图像上的实物，而是表示所实现的动作。例如，一个跳舞的人，意思为"跳舞"（埃及语读 hebi）；一头母牛舔着吃奶的牛犊，意思为"照顾"（埃及语读 ames）。在圣书体文字中，表意符号的意义经常是换喻的结果。例如，用扬起的船帆表示"风"（埃及语读 taw），用装啤酒的罐子表示"啤酒"（埃及语读 henket）；用书吏的工具写字板（图 3），表示"书吏"（埃及语读 sesh）。由此可见，虽然古埃及文字使用象形符号，但是古埃及文字并不是真正意义上的"象形文字"。因为真正的象形文字，符号与其表示的意思是一致的，如汉字中的"日""月""草""山""水"等为象形字，然而，

图 4-1
碑铭中的象形文字圣书体 特提舍丽王后石碑
新王国时期
埃及国家博物馆藏

古埃及文字中的符号，如猫头鹰，通常并不表示猫头鹰，而是表示字母 m 这个音素。笔者对英国埃及学家福克纳编纂的《古埃及语字典》进行过统计，随机抽取的 25 页内容中共有 323 字，其中真正属于"象形文字"（即符号与其意思一致）的只有 3 个，占比约为 0.9%。显然，古埃及文字作为真正意义上的"象形"文字，仅仅是在非常有限的情况下发生的。这个事实对于我们理解古埃及文字体系非常重要。（图 4、图 5、图 6）

中国人对古埃及文字的最早了解是在鸦片战争之后。清代的一些驻外使节和旅外人士在赴欧洲途经埃及之时，目睹了古埃及文字。清代官员斌椿于同治五年（1866）出游欧洲，在日记中他描述金字塔石块上的文字"如古钟鼎文"。同行的张德彝也在日记中说埃及文"字如鸟篆"。清末维新思想家王韬认为古埃及文字"系象形为多"。中国学者在翻译 hieroglyph（圣书体文字）一词时，没有进行直译，而是根据其象形特点，套用中国文字学"六书"中的"象形"说，将之对译为"象形文字"。当今我们使用的各类辞书中通常也都是这样处理的。

图 4-2
罗马时期的双语、三种文字石碑
罗马埃及时期
埃及国家博物馆藏

这块罗马时期的石碑于 1913 年出土于丹德拉神庙附近。石碑从上至下为四行不完整的圣书体文本、七行世俗体文本、七行希腊文文本。希腊罗马时期埃及的官方语言是希腊语，但仍有本土埃及人日常使用世俗埃及语，因此多语文本在当时广泛存在。跟罗塞塔石碑一样，这块石碑顶部的圣书体象形文字破坏严重，世俗体和希腊文的部分则基本完整。

图 5
古埃及历书
第 18 王朝图特摩斯一世统治时期
大英博物馆藏

图 6
古埃及圣书体文字残片
第 19 王朝
大英博物馆藏

比较古埃及圣书体文字与中国汉字中的象形文字，从表面形态上看，彼此很相似。这是由于地球上相同的物体，不同民族的人们对其固有特点的认识是相同的。比如，太阳是圆形的，因此不论是古代中国人，还是古代埃及人都在其文字中把太阳画成☉。但是，文字形体上的相同或相似，不足以证明不同文字体系之间内在机理上的一致性。从"内在机理"层面上比较一下古埃及圣书体文字与中国汉字中的象形文字，前者主要以形表音，整个文字体系的灵魂是拼音；后者则以形表意，字如其物，二者相去甚远。由此我们可以清楚地看到古埃及圣书体文字与国内文字学界所界说的"象形文字"有着根本的区别。

其实，我们既不可简单地将古埃及文字统称为古埃及象形文字，也不可简单地将中国汉字统称为中国象形文字。据清代文字学家王筠统计，《说文解字》共有 9353 字，其中象形字 264 个，占比约 2.8%。显然，象形文字也不过是汉字体系中很小的一部分而已。另外，在古代埃及人看来，文字直接来自神（据说是图特神发明了文字）（图 7），而不是源于人类的智慧，文字是神对人类的馈赠。古代埃及人把文字视作神圣之物，称之为"神的言语"，因此，我们把古埃及文字称为圣书体文字，不仅符合 hieroglyph 一词的本义，而且又恰合古埃及人对文字认识的传统，岂不两全其美？

古埃及文字的破译

古埃及文字具有的象形特征使得长期以来很多研究者产生了严重的误解。正如古希腊人给埃及文字的命名 hieroglyphica（"神圣的刻写"）一样，自从古希腊罗马统治埃及以来，古埃及文字便被笼罩在这种神秘的光环之中。人们误以为古埃及文字是一种含有"神的启示"的象征符号，隐藏着古代祭司们的神秘智慧，只有某些掌握宗教奥秘的人才能知晓其中的含义。公元 5 世纪一个叫赫拉波隆的人写了一本介绍古埃及文字的书。书中对古埃及文字的解释牵强附会、荒诞不经：古埃及人画一只野兔表示"打开"，是因为野兔的眼睛永远是睁着的，即使睡觉也如此；画一只秃鹫表示"母亲"，是因为秃鹫都是雌性的，没有雄性的。赫拉波隆如此荒唐的解释竟然被欧洲人奉为圭臬，几乎无人敢越雷池半

图 7
古埃及文字神图特
阿拜多斯的拉美西
斯二世神庙

步，直到 19 世纪上半叶才开始发生改变。因此，古埃及文字无法破译是因为学者们步入了"象形"的误区。

1822 年 9 月 27 日，法国学者商博良在巴黎法国科学院发表《就表音圣书体文字的字母问题致达希尔先生的信》的报告，宣告古埃及文字破译成功。人们通常把古埃及文字的破译归功于商博良的天才和勤奋。客观地说，商博良的成功不是偶然的，而是取决于多种因素。试想如果没有罗塞塔石碑上的双语对照碑文（图 8），他就不可能破译；若没有其他先贤的不懈努力、天才式的灵感，尤其是法国学者德·萨西、英国学者托马斯·杨、瑞典学者阿克布拉德，恐怕商博良的成功也就根本无从谈起。这些人物个个堪称天才，为什么独有商博良最终成功呢？

2015 年 5 月，在美国新泽西州立罗格斯大学召开的"世界四种远古文字的对话"国际研讨会上，美国埃及学者雷奥·德普伊特指出："古埃及文字解读的历史有待于我们重新书写。若没有认识到中国汉字在对古埃及文字的早期破译过程中所发挥的无与伦比的重要作用，重写古埃及文字解读的历史将是埃及学界永恒的任务。"随着汉学和埃及学研究的不断深入，以及比较文字学研究的日益发展，对这个问题的解决提供了契机，即欧洲汉学的创立对古埃及文字的破译发挥了十分重要的作用。

在 18 世纪的欧洲，法国对中国的了解甚至超过了对欧洲其他国家的了解。1814 年法国迎来了一个具有划时代意义的事件，即法兰西学院设立汉满鞑靼语言文学讲席，由年轻的汉学家雷慕沙主持。法兰西学院汉学席位的设立标志着法国（也是整个欧洲）专业汉学的诞生。虽然商博良解读古埃及文字的具体经过没有留下相关的记载，然而通过他在法兰西科学院所做的报告，以及此后出版的相关著作中，我们可以清晰地发现，商博良从雷慕沙的著作中获益匪浅，具体而言，商博良正是从"反切""形声""部首"等中文概念中获得了破译古埃及文字的灵感。商博良在著作中多处多次提及中国，涉及汉字相关知识的诸多方面：1822 年发表的《就表音圣书文字的字母问题致达希尔先生的信》中两处提及中国，明确指出埃及文字与汉字属同一种文

图 8 罗塞塔石碑
　　　托勒密时期
　　　大英博物馆藏

字类型；1824 年发表的《古埃及文字体系概要》中 40 余处涉及中国；1836 年出版的《古埃及语语法》中 4 处涉及中国；1841 年出版的《古埃及语词典》中 50 余处涉及中国，如"六书""三才"等概念。商博良还在《古埃及语词典》一书的序言中，就汉字与埃及文字的异同进行了详细的比较，并参考中国最早的词典《尔雅》对汉语词汇的分类，对古埃及词汇进行了分类。

"它山之石，可以攻玉。"正是商博良所掌握的丰富、深入而准确的汉学知识，使得他能够探赜索隐，钩深致远，从汉字中获得了无穷的灵感，最终揭开了千余年来笼罩在古埃及文字身上的神秘面纱。不过，尽管我们把商博良称为古埃及文字的破译者，但是严格说来他并没有将古埃及文字完全破译。事实上，商博良在破译古埃及文字过程中取得的最大成就，在于他提供了一个全面的、可靠的、可核实的"标音圣书体文字字母"的汇编，他只是意识到古埃及文字中单音符号的存在，而没有意识到双音符号和三音符号的存在。这项工作后来是由德国学者卡尔·莱普修斯逐渐完善的。（图 9）

古埃及文字与艺术的融合

圣书体 hieroglyphic			祭司体 hieratic			世俗体 demotic
2700–2600 BC	2500–2400 BC	c.1500 BC	500–100 BC	c. 1900 BC	c. 1300 BC	c. 200 BC	400–100 BC

图 9
古埃及文字从圣书体到祭司体到世俗体的演变

圣书体文字是一个复杂的文字体系，它既是语言的表达，也是对周围世界的表现。换句话说，圣书体文字的各个组成部分一方面作为语言的符号表达语意和语音，另一方面又作为图画反映世界。圣书体文字的后一种功能可以说与艺术毫无二致，因此柏拉图在谈及古埃及文字时使用了"样板"一词。"样板"之所以神圣，是因为圣书体文字被认为是由诸神创造的，如同神庙的结构和仪式的步骤一样。王朝后期的埃及神庙把保护和保存这些样板和格式视为己任。德国著名埃及学家阿斯曼指出："圣书体文字拥有包罗万象的能力，因为它从理论上能够容纳所有可以被描画的事物，它相当于一部图解百科全书。"正是在这个意义上，另一位德国埃及学家荣格说："古埃及人的世界无非就是由神创造的圣书体文字符号。"

在古代埃及，圣书体文字属于艺术的范畴，只有一个"画工"——即在纪念碑上勾勒圣书体文字轮廓的人，才有必要学会圣书体文字。古埃及人的艺术与文字融合到了令人难以置信的程度，以至于我们不能只说它们关系紧密，而是应当把它们视为一个有机整体。如果说文字构成了一种艺术，那么艺术就可以被称为文字的延伸。正是因为这个原因，使得圣书体文字在其存在过程中一直没有放弃细致和逼真的图画特征，就如同古代埃及艺术在类型和格式等方面自始至终遵守严格的法则一样。圣书体文字所具有的艺术特征，与艺术所具有的文字特征相辅相成，完美地融合在一起。

古埃及书吏及学校

古埃及文字的结构和形态十分复杂，因此掌握它难度不小。在古代埃及，很少有人享有学习识字的机会，只有富家子弟才有条件学习阅读和写字。在古代埃及，具有写字能力的人常常被称为"书吏"，他们构成了古埃及社会里一个专门为统治阶级服务的知识阶层。一般认为中王国时期的埃及已有了书吏学校。学校一般设在神庙和王宫里。学生5岁左右入学，学习期限约为12年。学生住校，需要家人每天送饭。一篇古埃及文献中这样要求学生："每天都要用功读书，这样你就会熟练掌握文字。切不可懒惰度日，否则你就会受到鞭打。要知道男孩的耳朵是

长在背上的。"据此推测，古埃及学校的纪律应该比较严酷。（图10、图11、图12）

初学者往往在陶片或石头片上练习，待熟练掌握书写技巧后才发莎草纸。学生们一般用芦苇笔蘸墨水在莎草纸上书写，不过，发给他们的莎草纸常常不是新的，而是已经使用过的，学生在空隙处写上新内容。在学校里，供学生练习抄写的多半是各种各样的教谕，这些作品竭力赞扬书吏职业的优越，可谓"万般皆下品，唯有读书高"。《兰辛莎草纸》这样赞美书吏："他整个白天用手指抄写，夜晚秉灯阅读。以莎草纸和调色板为友，因为那是超乎想象的令人愉悦。书写对会写的人来说，那是比任何职业都更有挑战性，比面包和啤酒、比衣服和香料更令人惬意的。是的，这比继承遗产、比在西部拥有陵墓更为珍贵。"（图13、图14、图15）

莎草纸文献最吸引人的特点之一是上面使用的红色墨水，这是一种突出短语和标记的实用方法。账目中的总数用红色标注，词语"小麦"和"燕麦"也用红色标注，以区别于其他谷物；医学和魔法中的配料用红色标注，信件中添加的回复以及文本中插入和修改的内容也用红色标注。当然，在古代埃及，红色墨水最常见的用途可

图10
书吏像
第5王朝
埃及国家博物馆藏

图11
书吏像
古王国时期
萨卡拉考古遗址出土
埃及国家博物馆藏

图 12
高级书吏霍尔的方雕
后期埃及
马特鲁省博物馆藏

图 13
写有古埃及情诗的莎草纸卷（切斯特·贝蒂莎草纸）
新王国时期
都灵埃及博物馆藏

图 14-1
研墨调色板
新王国时期
卢克索博物馆藏

图 14-2
带芦苇笔的木制调色板
后期埃及
埃及国家博物馆藏

图 15
饰有纸莎草池的釉面石砖
新王国时期
埃及国家博物馆藏

能是书写标题和文本章节的开头语。另外，日期通常也用红色墨水标注，不过"年份"仍用黑色墨水书写。在古埃及人看来，红色是一种不吉利的颜色，因此可以用来书写魔鬼的名字，当然就不适合用来书写国王的名字或摄政年份。（图 16）

成为一个合格的专业书吏需要多年的学习。当年勤奋学生保留下来的一些家庭作业以及课堂练习，如今已成为世界各重要博物馆的珍贵藏品。有趣的是，这些作业中的错误可以让我们推测古埃及人传授文字的方式。显然，古埃及人是把单词作为一个整体来进行教授的，而不是先进行一个个的语音拆分。（图 17）

古埃及文字的消亡

古埃及文字这样一种发达且成熟，并可以满足社会各种需要的文字，后来怎么会消亡了呢？这个问题引发了众多的评论和假说。法国著名学者、文学理论家、语言学家克里斯特瓦认为，一个较为可能的原因是基督教对埃及宗教的取代造成了书吏—祭司阶层的衰落，因而导致其使用的语言及文字体系随之衰退凋零。

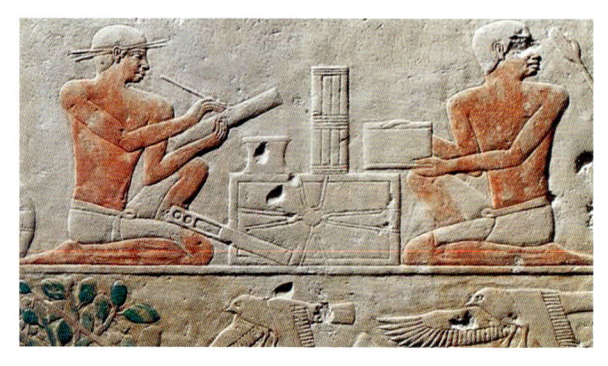

图 17　墓室壁画中展现的书吏学校　古王国时期　萨卡拉考古遗址出土

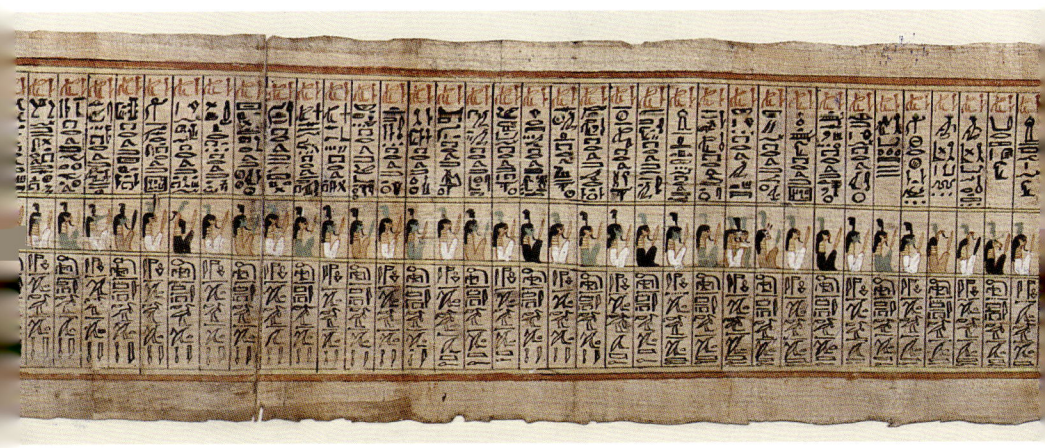

图 16
阿蒙神祭司的墓葬莎草纸（局部）
后期埃及
埃及国家博物馆藏

虽然古埃及文字是一个比较稳定的系统，然而它并非没有发生过变化，这些变化主要发生在希腊罗马统治时期，该时期埃及文字变得更加简化和多元。当时的人们普遍注意到古语词的语音化现象：古语词获得了表音功能，其音值大多是它以前标注的数个辅音中的第一个辅音的发音。同样在该时期，一些埃及祭司为了垄断祭司阶层的特权地位，他们故意将埃及文字变得复杂而晦涩，书写圣体字文字的符号数量从原来的700多个，迅速增加到几千个之多，导致不同地区神庙的祭司书写的圣书体文字出入很大，这给理解和沟通带来了许多的困难和不便，从而也为圣书体文字的消亡起到了推波助澜的作用。美国著名文字学家盖尔布指出，从世界上不同地区文字发展的总体趋势来看，文字是走"经济化"路线的，即越简单越好，因此我们不难理解，后来的埃及人为什么会着迷于使用更为简单的希腊字母了。

另外，古埃及文字只是标记辅音，元音被忽略不计，记录语音的作用在古埃及文字体系里被严重弱化了。因此，从某种意义上说，古埃及文字独立于话语交流，从而亦独立于社会交往。正是在这个意义上，克里斯特瓦认为："当经济环境发生改变时，古埃及圣书体文字必定要走上消亡的道路：这便是希腊文明入侵地中海盆地、交换（商业社会）成为主导准则时所发生的事情。"

小结

通常来说，读写能力会对人类思维产生强大的影响，但在古代埃及，这种文字的潜能并没有得到充分发挥：文字能够保存和编纂信息，尤其是过去和神秘的信息，但它并没有对已知信息进行更抽象的、辩证的分析，也没有产生任何文化多元性。正如英国埃及学家帕金森所指出的那样："古代埃及在很大程度上仍然是一种口头文化，文字只是一种有限的社会和认知现象而已。"当然，古埃及圣书体文字作为一种标准化的书写系统，可以跨越方言的障碍进行交流信息，满足政治权力的需要，它统一了尼罗河谷，成就了绵延几千年的伟大的古埃及文明。

文学篇

无论在东方还是西方,最初的文学概念都相当宽泛,几乎包括了一切见诸文字的材料,我们把它称为广义上的文学概念。为了更深入地揭示文学独特的性质和特点,19世纪以来,学者逐渐把作为一种艺术或具有审美品格的文学作为研究对象,逐渐形成了"狭义的文学"(或"美的文学""纯文学")这一概念。20世纪世界著名文学批评家、比较文学家韦勒克指出:"最好只把那些美感作用占主导地位的作品视为文学。"现在,人们日常使用的"文学"一词,更多情况下是文学的狭义概念,即"美的文学",或"纯文学"。

同样,古埃及文学在概念上也有两重含义:广义的古埃及文学,即古代埃及人记载并保留下来的任何文献资料,包括政治、经济、军事、宗教等各方面的文献记载;狭义的古埃及文学,即古代埃及人记载并保存下来的,具有美学特质或具有艺术感染力的作品。

我们知道,最初的古埃及文字比较简短,往往是一些人名、地名、官名、物名等,还难以成句。到了第2王朝末期(约公元前2900年)开始出现较长的连续的句子。其后,古埃及文字日臻成熟,记载的内容趋于广泛,包括行政法令、墓碑铭文、自传、教谕文献等。第5王朝末期出现了《金字塔铭文》,它们是在国王的葬礼中吟诵的祭文,目的在于借文字的魔力帮助国王平安抵达来世。到了中王国时期,人们将祭文写在木棺上(即《棺文》),保佑死者顺利进入来世。值得注意的是,中王国时期的埃及人创作了数量可观的"纯文学"作品,包括故事、格言、诗歌等。新王国时期出现了另一种形式的祭文,即将祭文写在莎草纸上作为陪葬品,我们习惯上称为《亡灵书》。新王国时期后期,即拉美西斯时代(约公元前1295—前1070年),出现了一种新型的文学作品,即情诗。后来到晚期王朝时代,格言、故事之类的作品仍然受到人们的欢迎,到托勒密和罗马时期,各种神庙(如埃德福、丹德拉)的墙壁上,留下了大量的文字,这是自金字塔铭文以来最大批的宗教文献的集结,对于我们研究古埃及宗教文献具有重要的意义。当然,古埃及文字所写的内容远不止这些,还有许多其他类型的作品,如医药手册、数学手册,也有私人书信、解梦书、咒语等,它们都是我们了解古埃及文化的重要材料。

由于篇幅关系,我们在此重点介绍一篇创作于中王国时期的文学经典之作《能言善辩的农民》(图18),以及新王国时期创作的情诗。

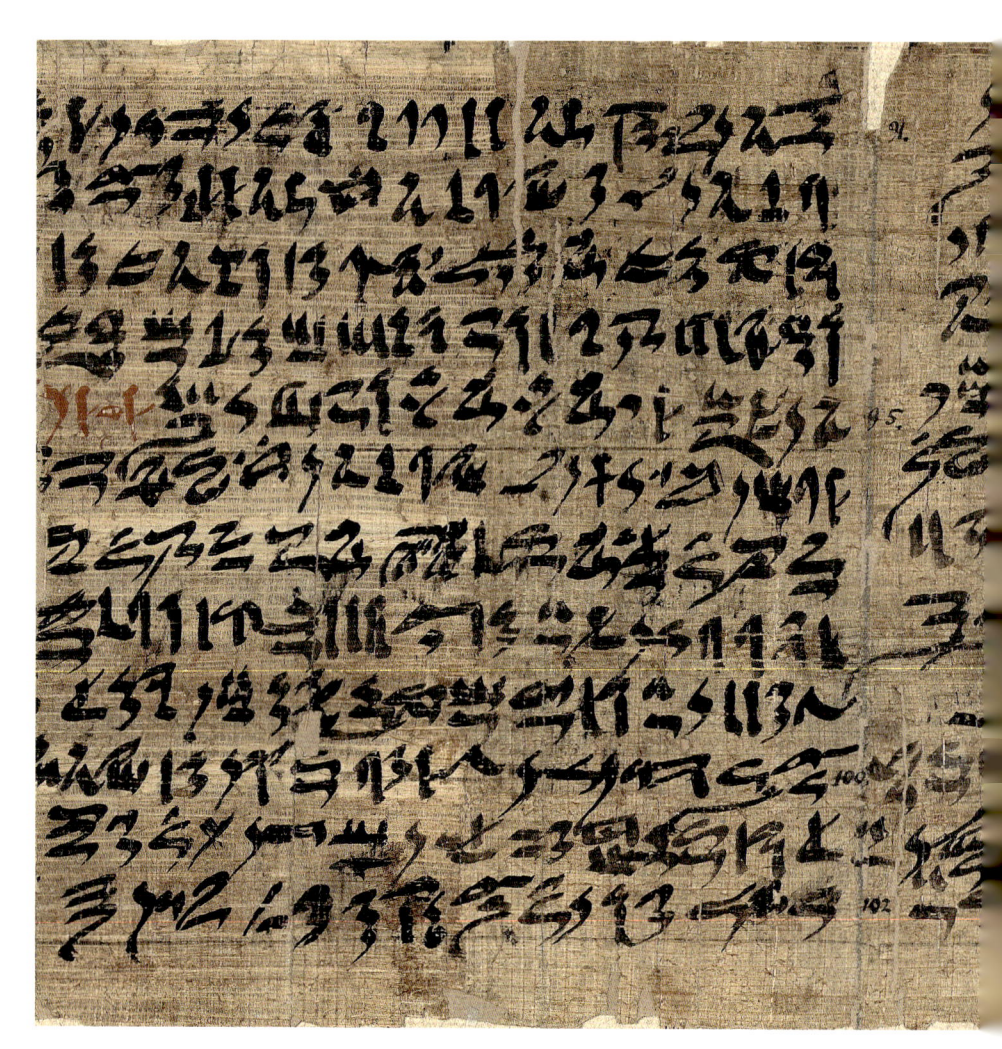

图18 《能言善辩的农民》莎草纸(局部) 中王国时期 柏林埃及学博物馆藏

从文学角度看，《能言善辩的农民》用词丰富、言辞精美、技巧娴熟，尤其是作品引譬设喻，点缀了很多的文字游戏，读起来文采飞扬、耐人寻味，充分体现了古埃及人在文学领域取得的杰出成就。该作品现已被纳入世界文学经典之列。

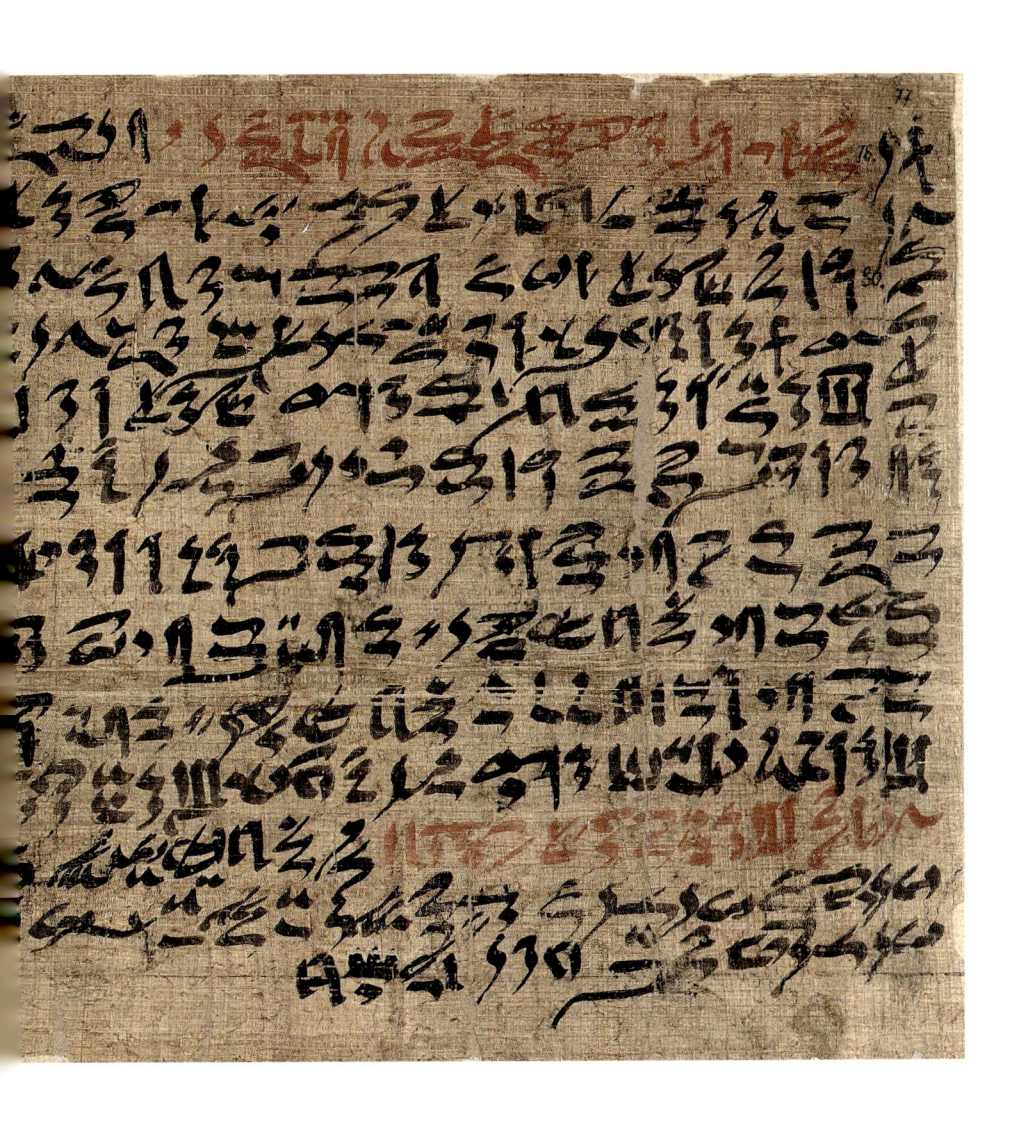

《能言善辩的农民》保存至今的共有4篇莎草纸残片，它们都是中王国时期的抄本，虽然每篇莎草纸上所记载的故事内容都不完整，但拼合在一起就构成了一篇完整的故事。内容讲的是三角洲地区的一个埃及农民，用驴子驮着本地区的物产，去交换所需要的生活必需品的故事。农民在路上遇到了一个叫奈姆提·奈赫特的小官僚，他抢劫了农民的驴子和物产，还把农民毒打了一顿。农民迫于无奈，只好去京城向长官廉西申诉所遭受的冤屈，以求得到真理和公正。农民用自己杰出的口才道出了为官者的职责：

　　为官应该消除虚伪，维护真理；
　　为官应该创造美德，疾恶如仇。
　　为衣不足者送去衣服，以解窘愁，
　　为赤裸无衣者送去衣服，以蔽体遮羞。
　　……
　　官吏们的职责是驱逐邪恶，
　　他们是美德和善行的楷模，
　　他们是创造万物的能工巧匠。

　　在农民看来，作为一名称职的官员，他应该成为"抢劫者的惩处者，可怜人的保护者"。农民这样赞美官员廉西说：

　　你宛如孤儿的再生父母，
　　孤儿会得到你的慈父之爱，
　　寡妇会得到你的失君之助，
　　离异者会得到你的手足之情，
　　丧母者会得到你的围裙衣物。

　　虽然该作品情节简单，但农民与官员之间的几次对话则表现了高超的文学技巧。农民的申诉之辞高度精巧而娴熟，且意味深长。申诉中调用了各种意象和丰富的想象力，关键词的回环往复、高度规则化的句法结构、经典的民间谚语的镶嵌等，使得农民凭借卓越的口才，机智的申辩，最终取得了胜利。我们不妨再援引其中的一些语句，充分领略农民口才的绝妙：
> 你是苍宇之舵手，
> 你是大地之柱梁，
> 你是持重之锤线。
>
> 舵手，不要偏离航线，
> 柱梁，不要弯折斜倾，
> 锤线，不可摇摆不定。
>
> 你的舌头就是铅锤。
> 你的心脏就是天平。
> 你的双唇就是它的双臂。

《能言善辩的农民》在音韵方面表现出的技巧也十分突出，简直就是一篇诗歌。作品擅长回环往复使用同一个词（或同音词），通过韵律的去而复返、奇偶交错、前后呼应，造成一种回环起伏的旋律之美。农民这样说：

> 为正义之神做正义之事，这样的正义才是正义。

接着又说道：

> 当好人是好人的时候，好人才是真正的好人。

这些语句不仅读起来朗朗上口，而且耐人寻味。我清楚地记得，2004年我应邀参观大英博物馆收藏的《能言善辩的农民》的莎草纸文献，当我向埃及学家帕金森朗读该作品的某些汉语译文时，对汉语毫无基础的他却每次都能一下子准确地捕捉到文献中的原文，令人惊讶不已。这充分反映了古埃及文学所具有的世界性。

20世纪70年代，《能言善辩的农民》被拍成电影。电影塑造了一个性格安静而擅长雄辩的农民形象，农民的九次申诉被改编成了五个连续的场景。该电影上映后深受人们的喜爱，荣获维也纳国际电影节金奖。这似乎也雄辩地说明古埃及文学具有强大的激发和鼓舞现代人的能量。影片制作人埃尔-萨拉姆在接受采访时说："该影片不仅仅是对历史，或对一篇古代莎草纸文献的复原，它更是对真理和正义的呼唤。这些呼唤跨越了无数个世纪……打动我的正是作品本身所具有的价值。"

值得一提的是，2011 年埃及爆发要求总统穆巴拉克下台的"一·二五革命"，游行示威的民众多次高呼《能言善辩的农民》中的相关语句，要求严惩埃及国内存在的腐败现象，呼吁实现社会公平和正义。这一事件也再次证明古埃及文学能够跨越时空，具有亘古永恒的魅力。

爱情是各民族文学中描写得最多的主题之一。古埃及人与世界上其他地方的人们一样，都希望找到一个能与自己分享快乐的人生伴侣。在新王国时期，特别是拉美西斯时期，古埃及书吏们记录下了一种新的文学形式，即情诗。这些情诗运用大量的比喻和拟人等修辞手法，生动活泼、引人入胜，揭示和反映了特殊的时空，传达了人类的共鸣。这些情诗很可能是口头流传的，也可能是传唱的，它们大多记录在莎草纸上，也有的刻在石板或陶片上。保存至今的古埃及情诗主要散见于几篇莎草纸，它们分别是切斯特·贝蒂莎草纸、哈里斯莎草纸第 500 号、意大利都灵莎草纸，以及埃及国家博物馆的一些陶片。

古埃及情诗的主题不一而足，包括对情人的热情描述和对爱情的陶醉，追求情人的困难和挑战，以及单相思导致的疾病。情诗中经常借用一些别具埃及文化特色的意象，如使用鲜花、水果和蜂蜜来比喻女性的魅力，或者用穿越尼罗河的危险比喻对心上人的忠贞不渝。情诗中的男女双方往往以兄妹相称。（图 19）

我们不妨援引几首。

对岸有着我爱，尽管鳄鱼成群。
尽管波涛汹涌，我仍浮水而行。
勇气高过波涛，渡河如履平地。
我爱令我坚强，我爱令我沉醉。

爱人向我走来，使我心花怒放。
张臂拥着我爱，仿佛登上仙界。
轻吻我爱朱唇，我爱醉我香津。
从此不饮啤酒，香津比酒还醇。

这首情诗刻写在埃及国家博物馆的陶片上，作者是一位男性，表现了古埃及人追求爱情、不怕一切的精神。也有一些情诗直接描写和赞颂女性的形体之美，并表达了对爱情的渴望：

妹妹，举世无双的妹妹，无可媲美的人！
她像一颗晨星，升起在幸福年华之初。
她的皮肤白皙，闪光明亮，
一双讨人喜欢的眼睛，甜蜜的双唇，
不多讲一句话。
挺直的颈项，耀眼的乳房，
她的头发若真正的天青石，
她的手臂赛似黄金，手指犹如莲花的苞蕾，
宽宽的臀，纤纤的腰，两腿走路美无比，
高雅的步子踩着地，步步踏着我的心。
她令所有的人引颈翘望。
她拥抱的人多么幸福，
除了她，我心中别无她人。

在古埃及社会中，女性在婚恋方面表现得非常大胆而坦率，女性追求男性是古埃及情诗的一大特点。在男女关系上，女性往往站在主动立场，一首情诗上写下了这样的语句：

我英俊的朋友，
你太使我着迷了，
求你让我做你的妻子，
永远替你管家。

图 19　古埃及夫妻　壁画　第 18 王朝　底比斯贵族墓 162 号

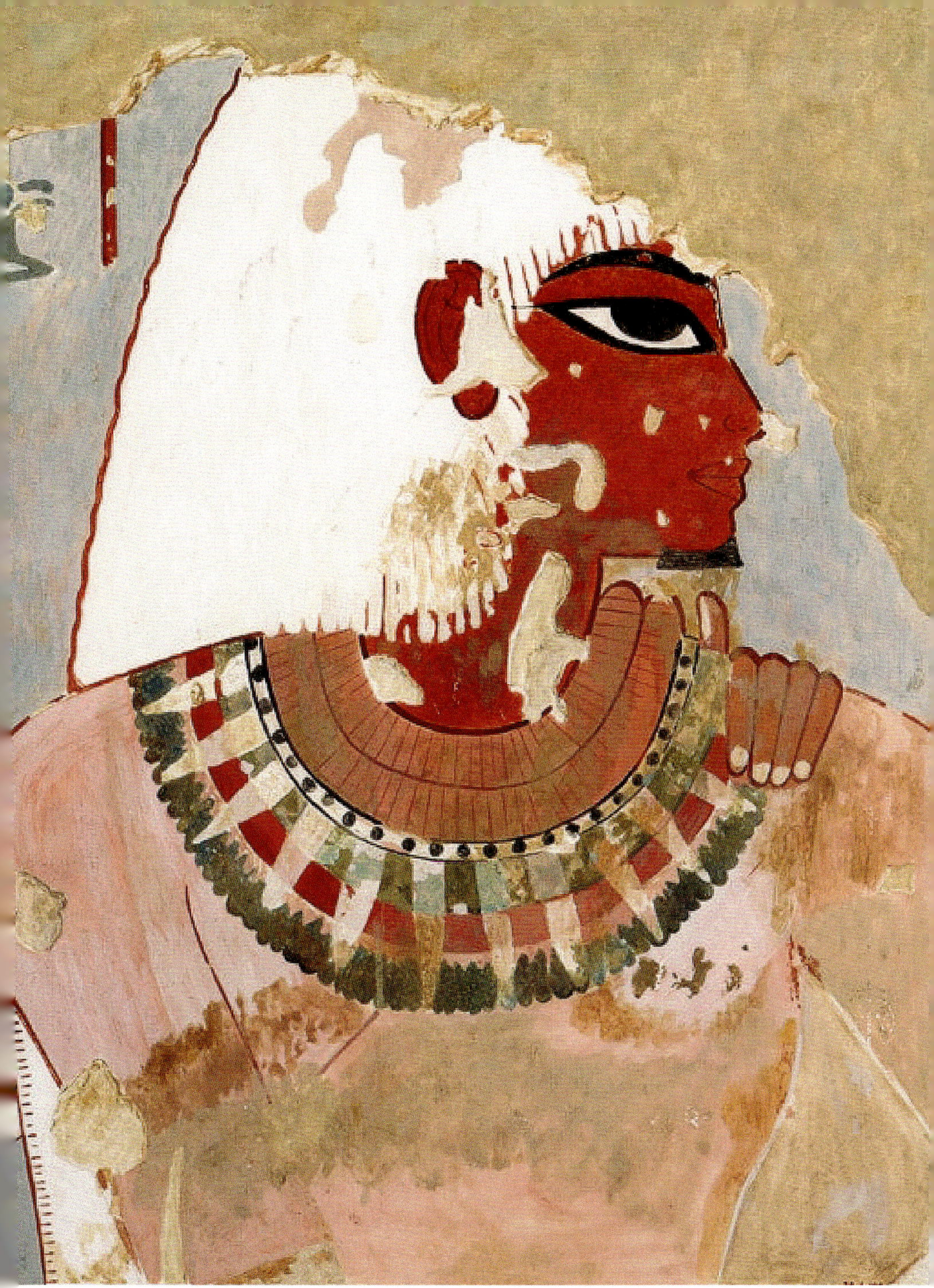

有的情诗表现了女性渴望爱情，等待心上人约会时焦急不安的心情：

我的哥哥，他的声音扰乱我的心，
他使相思病侵入我心房。
他与我母亲接邻而居，但我不能去探望。
母亲这样责令他说，不要去看她！
想起他，我的心阵阵发痛，
我已被他的爱占据。
确实，他是个傻瓜，
可是我也和他一样，
他不知道我多么想拥抱他。
否则，他将写信给我母亲。
哥哥呀，爱神哈托尔把我许给你！
（图20、图21）
到我这里来吧，我会看到你的美貌。
父亲母亲都会感到欣幸，
我的佣人将向你欢呼，
他们将向你欢呼，
啊，我亲爱的哥哥。

图 20
哈托尔女神像
后期埃及
埃及国家博物馆藏
它是古埃及掌管生育的女神，深受青年男女的喜爱。

图 21
羊皮彩绘手鼓（局部）
后期埃及
埃及国家博物馆藏
到了后期埃及时期，哈托尔和伊西斯两位女神经常等同为一位神明，既拥有伊西斯的强大魔法力量，还司掌与哈托尔密切相关的音乐和舞蹈。

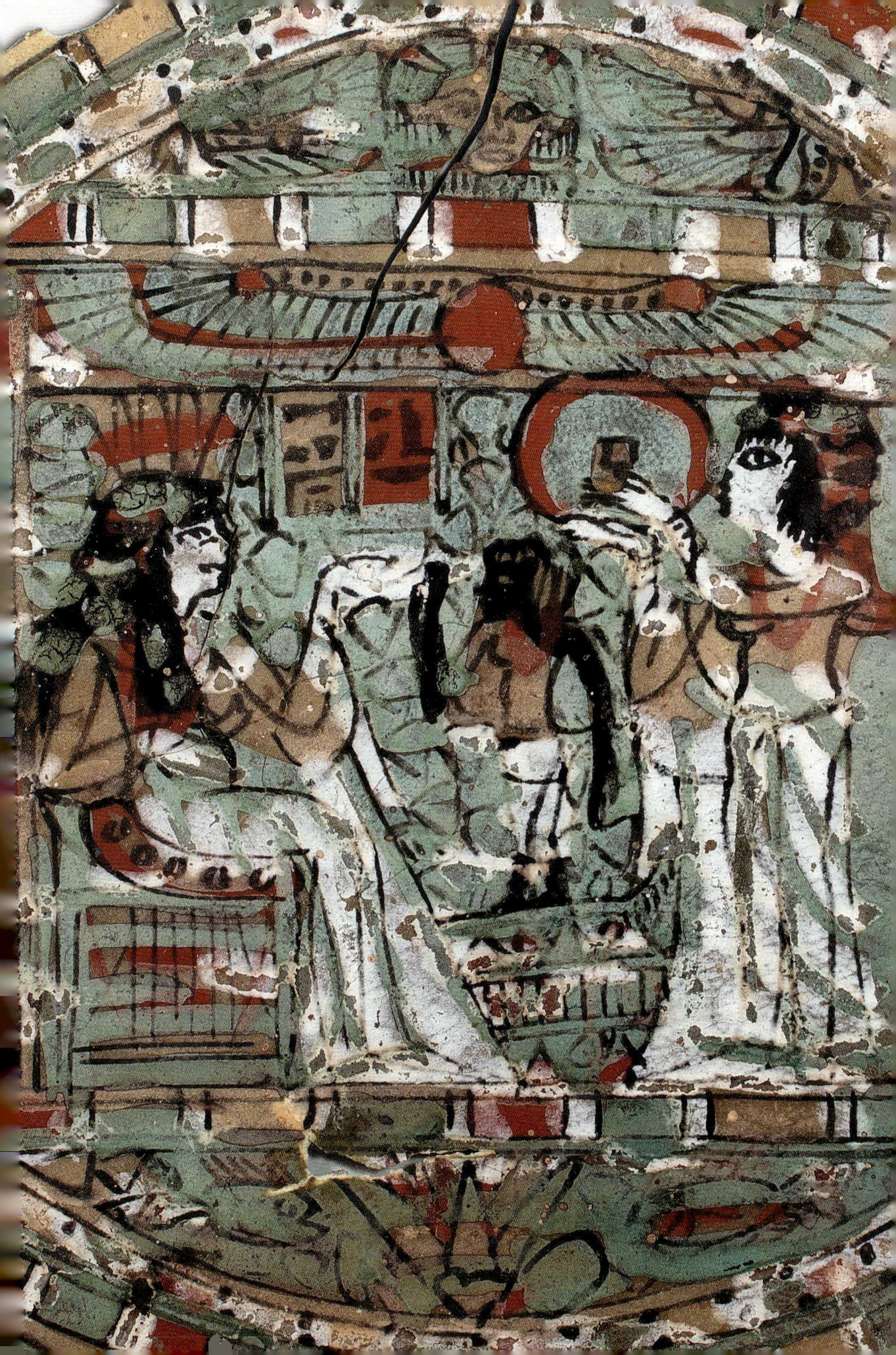

下面的这首情诗则采用了首句重复的手法,充分表达了少女盼望情郎赶快来到她身边的急切心情:

啊,快来看你的妹妹,像国王的使臣那样快!
啊,快来看你的妹妹,像国王的骏马那样快!
啊,快来看你的妹妹,像原野上的羚羊那样快!

当然,爱情这东西,从古到今带给人们数不尽的快乐,也带给人们数不尽的忧伤。《哈里斯莎草纸》上记载了一个忠贞不渝的女子,被她那狠心的情郎所抛弃的故事:

我的眼睛盯着花园的门,
我的哥哥将来看我,
注视着路,侧耳倾听,
我期待着他,而他却不把我理睬。
哥哥的爱是我的唯一,
对于他,我的心境无法平静。
一位快步如飞的信使来了,
告诉我:"他欺骗了你,
他已经结欢于其他女子,
她使他迷惑了眼睛。"
为什么要把另一个人的心撕碎?

我们知道,爱情使男女双方两情相悦,从感情的心心相印到步入婚姻的殿堂,这样的婚姻无疑是最美好、最理想的。下面是一首妻子献给丈夫的情诗:

我的神,我的夫,
我愿意陪伴着你。
去河边吧,这多惬意。
我乐意为你效劳,在你面前沐浴。
我穿着最精美的亚麻紧身衣,让你欣赏我的美。
它充满着香脂的芬芳,浸泡过醉人的香油。

哦，我亲爱的，我的夫，
快来看我吧。

再来听听他们在情歌中的二重唱吧。妻子唱道：
听着你的声音使我陶醉，看着你比吃喝更香甜。

丈夫唱道：
当我把你拥在怀中，我以为身处芬芳大地，
我抱着的是芳香。
当我把她亲吻，她的双唇微翕，
不饮酒我便陶醉……
仆人，你快快去备床
……

男人和女人就是这样在这幸福的一天结合在一起的。

对于看重来世的古埃及人来说，即使将来有一天到了另一个世界，恋人们也不能分离：

我们渴望一起休息，神也不能把我们分离，
这如同你的生命一样真实，
在你厌倦之前我不会把你抛弃。
我们只愿每天平安地坐着，远离任何不幸。
为了永不遗忘，我们一起到永恒的国度。
看到墓地上永远高挂着太阳，那是多么美好！

通过上面几首古埃及情诗，我们不难看出古埃及男女双方都相当主动地表达情意，这应该说是男女双方相对比较平等的表现吧。法国埃及学家雅克对古埃及女性深入研究，发现"法老统治下的埃及赋予女性许多合法权益，无论是在第一次世界大战之后的欧洲，还是在当今世界上大部分地区，都从未达到过可以与之媲美的平等程度"。由此看来，古代埃及可谓女性的天堂。（图22、图23、图24）

图 22 古埃及女性乐队 壁画 新王国时期 底比斯贵族墓 38 号

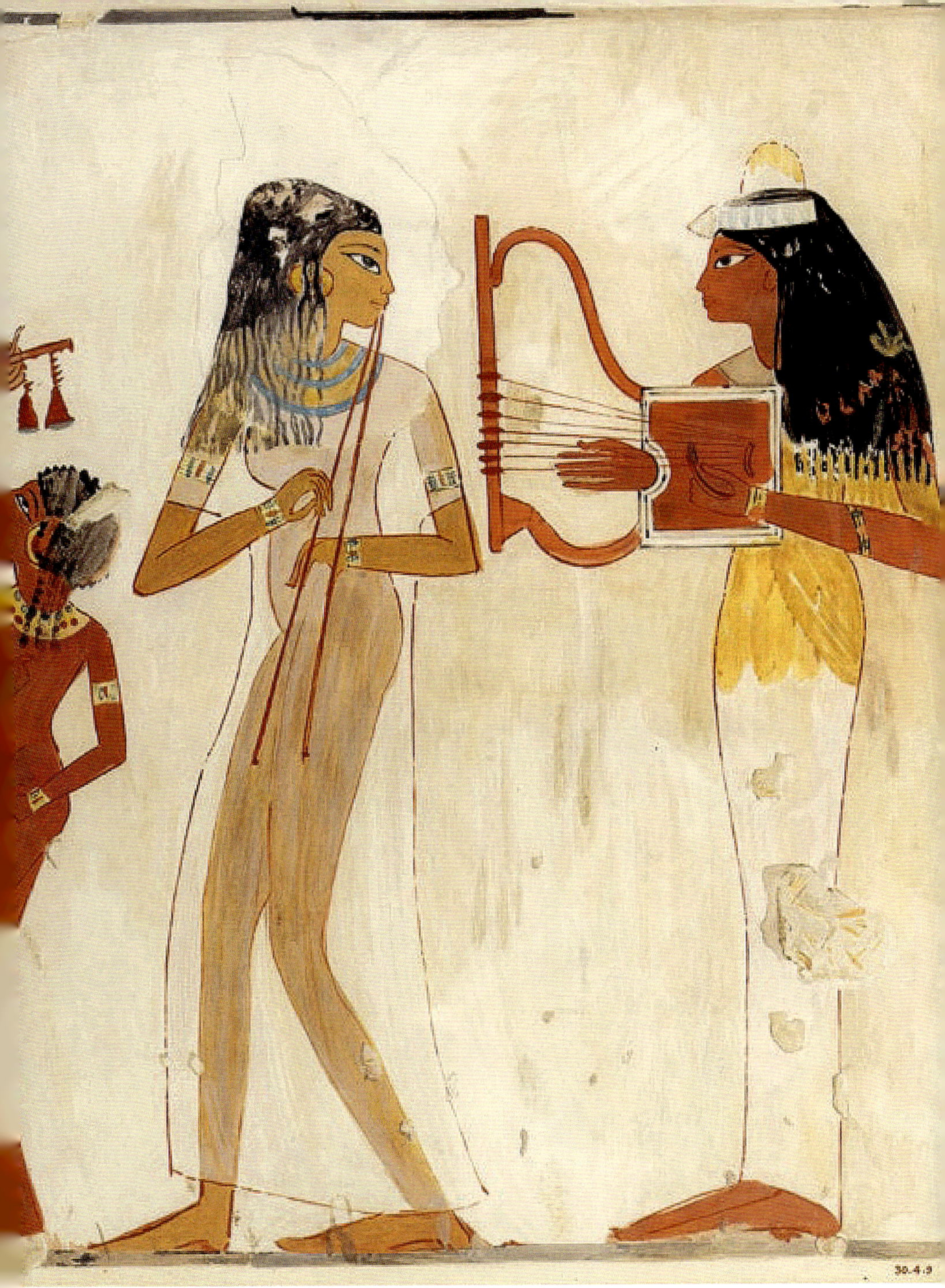
30.4.9

图 23
打扮入时的古埃及女子
新王国时期
底比斯贵族墓 69 号

图 24
无花果树下的古埃及女子
第 19 王朝
底比斯贵族墓 51 号

最后，让我们来认识一位古埃及书吏吧。他的名字叫海普瑞拉塞奈布，大概生于新王国初期，他可谓世界文学史上第一个"身陷创作困境的作家"。保存于大英博物馆的一枚古埃及人的书写板上，道出了书吏海普瑞拉塞奈布的痛苦：（图25）

假如我找得到无人知晓和鲜为人知的句和词，

未曾被人听到过的说法，而不是重复别人的话，

那些由祖先们说过并流传下来的名言警句，

我搜肠刮肚寻找妙语，甚至把肚子里的词句和盘托出。

说已经被说过的话，无非是重复，现在说出来的话早已被说过。

不能把祖先的话当作自己的首创，后人早晚会发现真假。

我从前未曾说过今天所说的话，我是一个即将说出该说的话的人，

这不是寻常的话，人们不会说"这话早有人说过"，

他们也不会说我：

"徒劳无益地寻找，都是空洞的话语，他的名字不会被人传颂。"

我所说的话都是基于我亲眼所见，

我见识了一代又一代人的所说所言，他们不过是模仿各自的先辈。

但愿我知道别人不知道的话语，而不是重复别人已经说过的话。

通过上面文字，我们发现海普瑞拉塞奈布正在遭受孤独的折磨，而这种折磨正是文字带给他的。其实，海普瑞拉塞奈布意识到了一个非常重要的问题，即口头文化与书面文化之间的差异。他是我们目前所发现的人类历史上第一个认真思考该问题的人。

我们知道，在口头文化里，已经获得的知识必须要经常重述，否则就会被人遗忘，因此，一些模式化的、套语式的固化表达就是对抗遗忘行之有效的办法。荷马时代的希腊人之所以看重陈词，是因为不仅诗人

而且整个口语知识界或思想界都依靠这样的套语来建构思想。然而，文字和书面文化的出现改变了这一切。文字在传统延续的过程中造成的断裂，表现为"旧"与"新"之间的对比。只有在书面文化传统中，新旧之间的对比才变得如此重要，一个新的文本不得不与旧文本一较高下，一个文本会时刻面临过时的危险。海普瑞拉塞奈布对这样的传统感到了绝望，因为他无法把所说的话称为独特的、具有创新意义的东西，因此他只好对自己的内心倾吐哀怨：

> 快来吧，我的心，我要对你诉说，
> 愿你回应我的格言，并向我解释，
> 我应当如何描写眼前发生的一切？

德国著名文化学家阿斯曼精辟地指出了口头文化与书面文化二者之间的差别。他说："在一个书面文化中，对杰出的作家来说，他所面临的最大问题是与生俱来的变化和革新的压力。人们从吟游诗人那里期待得到熟悉的知识，而从作家那里却期待得到不熟悉的东西。"美国著名古典学家、传播理论家沃尔特·翁对此也有过精彩的点评，他说："口头文化和书面文化的互动，深刻地触及人类的灵魂深处……口头文化与书面文化的互动，使得人类进入了终极关怀和渴望。"

的确，书面文化必须追求花样和创新，这是任何一个作者都要面对的问题。三千多年前的这位古埃及书吏已经充分意识到了这个问题，并且他陷入困境之中，无法自拔。作为一个创作者，海普瑞拉塞奈布为了写出有特色和新颖的东西不得不绞尽脑汁，只能与自己的心做伴。亲爱的读者，此时的我似乎也深深陷入海普瑞拉塞奈布的困境之中了啊！

图 25　古埃及书吏海普瑞拉寒奈布的苦诉　新王国初期　大英博物馆藏

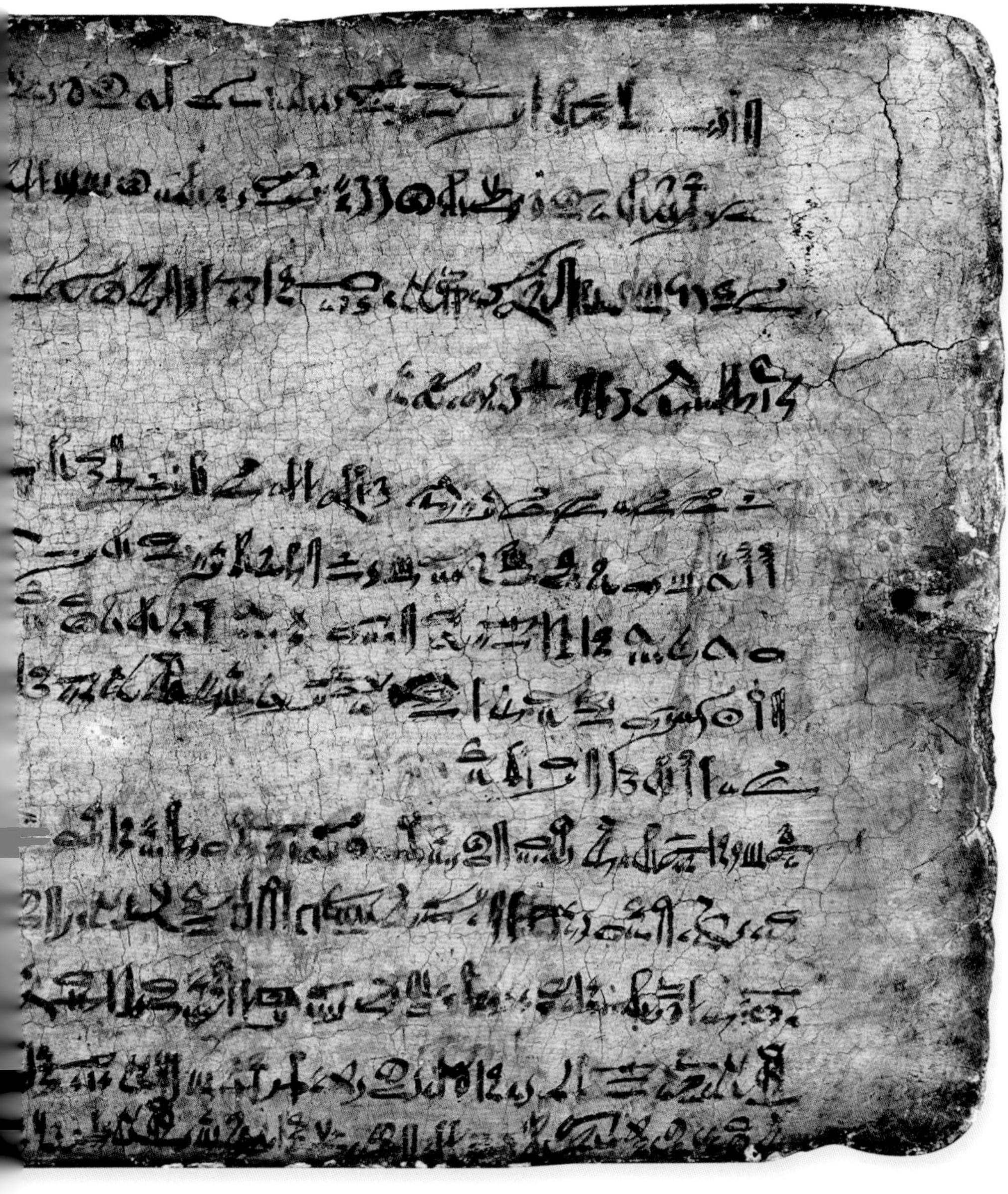

古埃及人的
生死观

温静

古埃及人对生命的看法是海德格尔式的，生命即"向死存在"，而死亡则只是人生的中转站，是此岸存在的终结。经过死亡，人完成从生命的此岸向死后世界的彼岸的过渡，转变为英灵继续存在，进入神圣世界，与宇宙合一成为永恒。古埃及人将"不再存在"作为另外一种存在，赋予其宗教内涵，从而把死亡和死后世界纳入到了更为广阔的生命现象中。因为有了死亡这一节点，人生被赋予了有限性；有限的人生有责任、义务、权利，这些又赋予人生以意义。

在古埃及语中，表示"人"的词语不止一个，其中有一个最特别，就是安柯（ ）。安柯一词本身是生命的意思，也用来指"活着的人"。在古王国时期（约公元前 2686—前 2160 年）官员墓葬的祭堂中，有一类铭文叫做"向生者的请愿"，开头的第一句是"在地上的活着的人"，这个短语是古埃及人对世人的通称。然而，"活着"一词不仅能用来指活着的人，还能用来形容死者。古埃及人相信，死者仍然处于"存在"并"活着"的状态。古王国时期的丧葬经文《金字塔铭文》中就有死去的国王与众神一起"存在"并"活着"的说法。

君主的死亡被称为"升天"。驾崩的国王是"升入其地平线"的神，他"穿越天空，融入日轮"，他的身体"与创造他的（那位神）相融合"。创造了国王的神指太阳神，而"升入地平线"与"融入日轮"则是君主死亡的隐晦说法。君主"升天"后仍然活着，但这种"活着"的状态与"在地上的活着的人"不同，是在拥有了永恒的生命后与太阳神同在。在丧葬经文《双路之书》和《来世之书》中，人死后的旅途是从日出时开始的。这就意味着，生命由死亡而出，死亡实质上是下一生命周期的开始。

当然，这并不是说古埃及人没有死亡的概念和与死亡相关的词汇，但死亡并非人的专属。在中王国时期（约公元前 2055—前 1650 年）的文学作品《沉船水手的故事》中，当讲到船只遇到巨浪而沉没的时候，原文这样写道："随后，船死了。"这样的用词说明，在古埃及人的心目中，死亡并非生物意义上的死亡，而是指使人或物停止存在，从世界上消失，而人的自然死亡只是生命状态的转变——从世间的人转变为冥界永恒的生命。

在这个意义上，古埃及人关于死亡的概念有两种：其一是正常的、正当的死亡，人经由这样的死亡而获得永生，但"正当死亡"的达成是需要条件的；其二是毁灭，像沉船一样彻底从世界上消失。

古埃及人认为，人由五个基本要素构成：卡、巴、名字、身体和影子。人的身体是最基本的要素，是其他要素的载体；影子则跟随身体存在。卡是类似灵魂的存在。尼罗河淤泥之神克努姆在陶轮上用泥土创造人类时，同时创造了人的身体和卡。巴代表精神、人格和生命力，在人死后从身体中以鸟的形态飞出来。（图1、图2）站立在坟墓之上的巴有着人类的头颅和鸟类的身躯，象征着巴可以来去自由，不受约束。人的名字则代表着身份。古埃及人非常看重自己的名字，在起名时还加入神的名字以求保佑。比如，大金字塔的主人、第4王朝的君主胡夫（约公元前2589—前2566年在位）的全名是"克努姆胡夫"，意思是"克努姆保护我"。对古埃及人而言，如果把一个人的名字从记录中抹去，这个人就不复存在了。

图1
鸟身人首形象的巴
托勒密时期
纽约大都会艺术博物馆藏

图2 木制"巴"小雕像
后期埃及
埃及国家博物馆藏

当死亡发生时，构成人的这些基本要素会发生一定变化。人的身体被制成木乃伊，君主和达官显贵为自己制作雕像，雕像在必要时可替代身体成为灵魂的居所。墓主人把自己的名字刻在石碑与墓室墙壁上。在丧葬经文中相应的位置也写着死者的名字，当死者踏上通往冥界的路途时，这些经文可以确保他们能顺利通过重重关卡。卡和巴的存在形式较生前发生了变化。巴能够在天空中自由飞翔，也能够回归到身体中。卡进入冥界，得到祭司进献的供品。经历过死亡，人会转化为新的存在形式——阿赫（ ），即能够与人互动、具有神圣力量的英灵。当死亡发生时，人的五个基本要素并未消亡，它们在生者的世界构成人，在死后世界则构成阿赫。

阿赫具有意识，可以保护生者，具有惩恶扬善的能力。古王国一位名叫安柯玛荷尔的官员，其坟墓祭堂的墙壁上有如下这样的铭文："对任何以不洁状态进入此墓的人，（比如）吃了完美的阿赫所厌恶的禁忌食物，没有按照为完美的阿赫清洁自己的方式来清洁自己……我将掐住他的脖子就像掐住鸟的脖子来使他恐惧，这样英灵们和世人就会看见并敬畏一位完美的阿赫。他和我将在伟大的神的高贵法庭上得到审判。然而对于任何以清洁状态进入此墓的人，对于令我满意的人，我将在墓区里、在伟大的神的法庭上支持他。"根据铭文的说法，作为一个完美的阿赫，死后的安柯玛荷尔能向犯了禁忌的人施行惩罚，也能保护遵守规则的人。

不是所有人都能在死后变为阿赫。古埃及人的永生是和正义相联系的。在中王国时期的文学作品《胡夫与魔法师的故事》中有一位魔法师为了惩罚与妻子通奸的男人，用蜡制作了一条鳄鱼，并施加魔法将之变为活的鳄鱼来把那男人吃掉。故事中还有一位背叛了自己女主人的女仆也受到了被鳄鱼吃掉的惩罚。被鳄鱼吃掉意味着毁灭，生前做出不义之事，就会受到惩罚，不能成为阿赫。只有一心向善、坚持正义的人，才能在死亡之后完成从人到英灵的转化。

古埃及人用玛阿特（ ）（图3）这一概念来代表正义、道德、真理、和谐和宇宙秩序等正面价值观。世界是围绕着玛阿特来运行

图 3　太阳神拉和他的女儿玛阿特女神　新王国时期　底比斯帝王谷

的，君主的责任是维护世间的玛阿特。每个人都需要在人生中遵循玛阿特，唯其如此，才能在死后进入冥界获得永生。这样的观念早在古王国时期就已经形成。官员在自传铭文中以第一人称叙述自己的生平事迹，声明自己德行高尚、尊老爱幼、体恤鳏寡、受到国王的宠爱，强调自己在生前遵守了玛阿特，度过了正义的人生。

到了新王国时期，死亡与玛阿特的联系变得更加密切。死者在木乃伊之神和墓地保护神阿努比斯的引领下来到冥界，在冥界之主奥西里斯面前接受审判。死者的心脏被放置在天平的一端进行称量（图4），另一端的砝码是鸵鸟羽毛，代表玛阿特。如果生前没有做过亏心事，天平就能保持平衡，死者就能进入来世；如果做了错事，心脏变重，就会被等候在一旁的怪兽吃掉，人就无法获得永生。根据经文记载，死者需要在奥西里斯面前申明自己没有犯过错误，宣告自己生前执行了玛阿特，是正义之人。称量心脏是死者到达死后的神圣世界所必须经历的一个步骤。在顺利通过从此生到冥界的路途后，死者就成为英灵，获得永生，与神同在。死亡的作用是开启生命转换之门，在经过了生命的转换后，人作为玛阿特执行者的任务也圆满完成，从"在地上的活着的人"转化为在彼岸世界存在的阿赫，由玛阿特的执行者转变为玛阿特本身。

人在死后获得永恒生命这一来世信仰

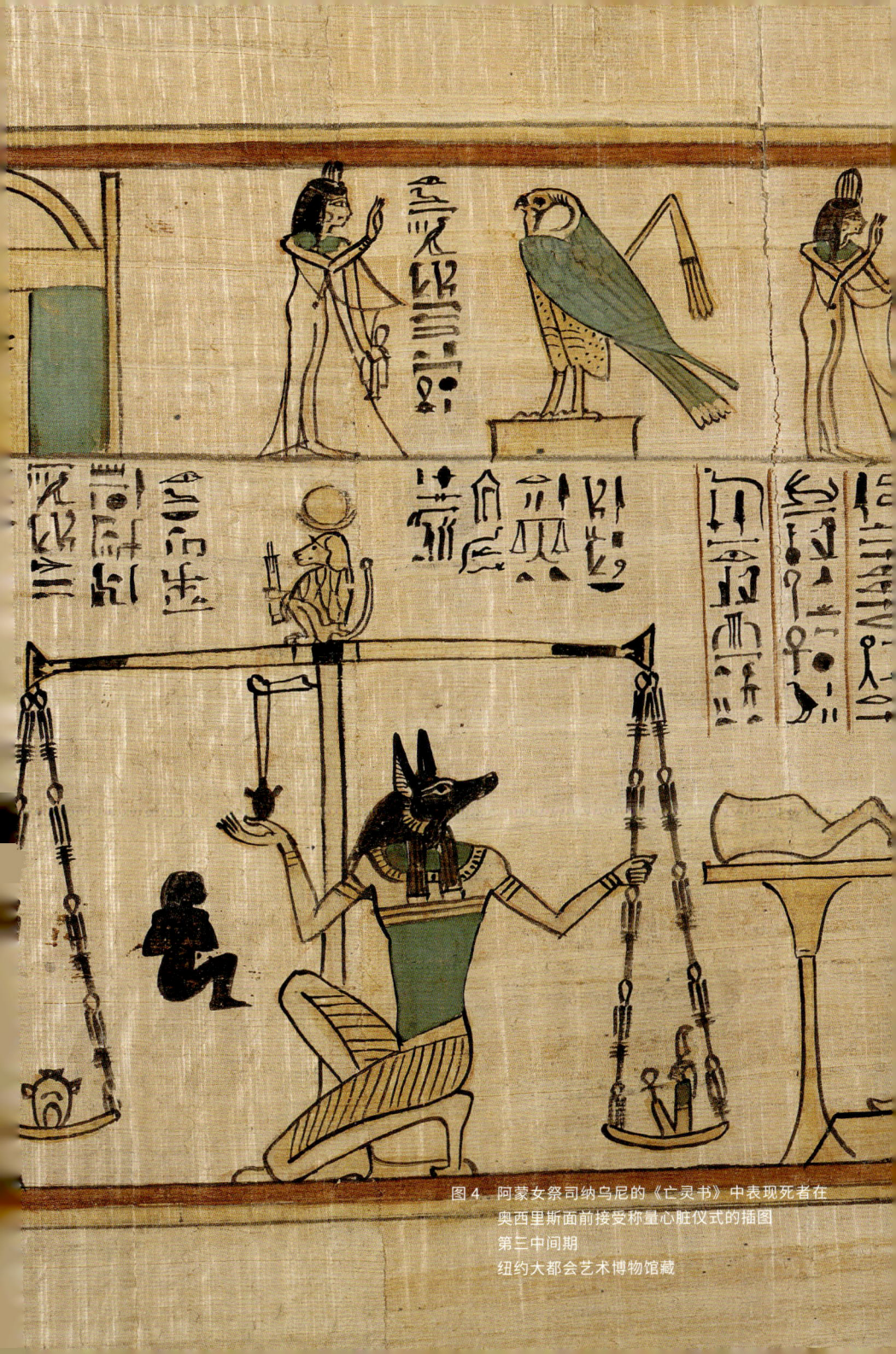

图 4　阿蒙女祭司纳乌尼的《亡灵书》中表现死者在
奥西里斯面前接受称量心脏仪式的插图
第三中间期
纽约大都会艺术博物馆藏

图5 奥西里斯与伊西斯之子——王权之神荷鲁斯
托勒密时期
埃德福神庙

的宗教基础是奥西里斯神话。奥西里斯神话是古埃及内涵最丰富的神话。原初之神阿图姆创造世界后，天神与地神生育了奥西里斯、伊西斯、塞特与奈芙提斯四位神。奥西里斯成了人世间的第一位国王，并和他的姐妹伊西斯结为夫妻。奥西里斯的兄弟塞特嫉妒他，设计将他杀死。伊西斯和妹妹奈芙提斯找到了奥西里斯的尸体，使之恢复生命。伊西斯生下儿子荷鲁斯，荷鲁斯长大后打败了塞特，重新获得了王位。关于奥西里斯、伊西斯与荷鲁斯的记述最早出现在《金字塔铭文》中，荷鲁斯被称为"他父亲的复仇者"。（图5）奥西里斯的死而复生与荷鲁斯的复仇也得到了众神的支持。新王国时期的一份莎草纸文献记载了荷鲁斯与塞特进行战争的故事。在故事的结尾，众神将王位判给荷鲁斯，而塞特也服从了审判，成了太阳神的侍从。（图6）故事并没有交代奥西里斯是怎么死去的，但他为众神生产小麦与大麦，是众神供奉的来源。毫无疑问，此时经历过死亡的奥西里斯成了再生之神，掌管着农业生产，象征着宇宙时间尺度下的季节变换与生命周期流转。在这样的叙事逻辑中，奥西里斯的死亡作为再生的前提是必然的，塞特作为混乱之神的职能是"制造"奥西里斯的死亡。

图6　奥西里斯与站立在他身后的伊西斯和奈芙提斯两位女神
　　　第三中间期
　　　纽约大都会艺术博物馆藏

冥界之主奥西里斯是第一个获得永生的人。（图7）死亡而又复生成了创世的最后一个步骤，是宇宙规律的组成部分。太阳神在夜间进入冥界与冥界之主奥西里斯相结合，完成每天的重生。每个人的死亡都是奥西里斯死亡神话的重复与模仿。人们通过对神的模仿来获得神所具有的重生之力，加入由死而生的生命循环周期。因此，古埃及宗教中的死后重生并不是经过审判而复活或轮回转世，而是将生命的概念延伸到死后世界，将生命纳入循环的时间中，实现人与宇宙秩序的合一。（图8）在《金字塔铭文》中，第5王朝君主乌纳斯被称为奥西里斯乌纳斯，死去的君主如奥西里斯一般在经历了死亡后拥有了永生：

阿图姆，这位奥西里斯是你使之苏醒使之活着的儿子；

他将活着，这位乌纳斯就会活着；

他不会死，这位乌纳斯就不会死，

他不会腐朽，这位乌纳斯就不会腐朽；

他不会被带走，这位乌纳斯不会被带走；

如果他将会被带走，那么这位乌纳斯也会被带走。

图7　以木乃伊形象出现的奥西里斯
　　　后期埃及
　　　纽约大都会艺术博物馆藏

温静　古埃及人的生死观

图 8　王陵墓室墙壁上的丧葬经文与浮雕，
　　　表现太阳神夜间在冥界乘船巡游的场景。
第 19—20 王朝
底比斯帝王谷，KV 14 号墓
温静 / 摄影

在铭文中，乌纳斯的地位与奥西里斯直接等同起来，通过告知各位神祇乌纳斯就是奥西里斯，接纳了奥西里斯重生的神就要同样地接纳乌纳斯，使乌纳斯免于死亡和腐朽。(图9)后来的君主也都在《金字塔铭文》中自称为奥西里斯某某，让自己的死亡成为奥西里斯死亡的重复，纳入宇宙的循环规律之中，成为神创造世界的一部分。这一观念也为民众所接受，后来的丧葬经文开始将死者称为"奥西里斯某某"。通过将自己与奥西里斯等同起来，无论王公贵族或普通人，都可以通过"成为奥西里斯"来获得永恒的生命。（图10）

图9 乌纳斯金字塔（内部墓室的墙壁上刻有《金字塔铭文》）
第5王朝
萨卡拉地区
温静 / 摄影

图 10　在哈特谢普苏特女王祭祀庙的石柱上，女王以奥西里斯形象出现
第 18 王朝
温静 / 摄影

奥西里斯神话是古埃及人对死亡现象和死后存在的解释，通过使奥西里斯成为第一位死者来定义死亡，为构建更复杂的生死观念奠定了基础。奥西里斯的"复活"并非重新成为"地上的生命"，而是将存在的处所转移到了"地上"之外的领域。每个人的死亡过程都是对奥西里斯死亡过程的模仿，像奥西里斯一样经历死亡而又在冥界获得生命。（图11）

死亡在古埃及人的眼中只是生命形式的转化，但也是此岸生命的终结。大约公元前1200年的一份莎草纸文献上记载了一首《竖琴之歌》，歌词写出了对人生与死亡的看法：

> 在我之前存在的神，如今躺在墓中，
> 受人祝福的贵族也埋入坟陵。
> 而那些建造陵墓的人，
> 找不到他们的处所，
> 他们又变成了什么呢？
> 我听过伊姆荷泰普和荷尔代代夫的话语，
> 他们的箴言传颂至今，原封不动成了谚语。
> 而他们的安息之地呢？
> 那围墙变为废墟，
> 哪里也没有他们的处所，
> 就好像他们从未存在过一样。
> 没有人能从彼岸回来——
> 告知他们的情况，
> 告知他们的处所，
> 让我们能安心。
> 直到我们自己踏上行程，
> 去往他们曾经去往的地方。

而在描述了对死亡的疑虑之后，这首歌又转向了对此岸生命的关怀：

> 充满欢乐，莫要消沉，

图 11　王陵壁画装饰中的奥西里斯
　　　　第 19—20 王朝
　　　　底比斯帝王谷，KV 14 号墓
　　　　温静 / 摄影

跟随你的心和你的快乐,
在世间就按照你心里的指示去做事,
因为那天来临时悲声会为你而响起。
奥西里斯听不到人间的哀鸣,
恸哭也无法将人从墓坑中救起。
享受快乐的时光,
从此不再悲伤。
看哪! 谁也带不走钱财。
看哪! 逝去的人再也无法回来。

《竖琴之歌》中"及时行乐"的人生态度与"向死存在"观念下死亡的终结性是一致的。在《竖琴之歌》中,作者将死亡视为此岸生命的终结,而死后世界则具有不可知性,且这种不可知不因"地上的生命"的名望和财富而有所改变。此岸生命的有限性与死亡的确定性使得人们对生命抱有敬畏之情,显示出古埃及宗教与哲学思想的"现世性"。(图12、图13)

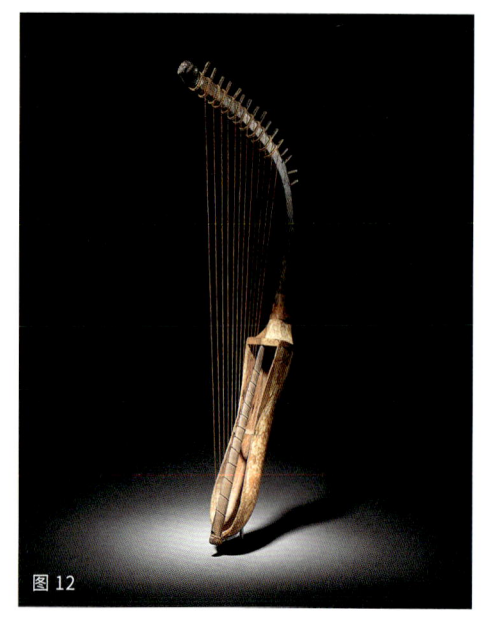

图12 古埃及的竖琴
　　　第 18 王朝后期
　　　纽约大都会艺术博物馆藏

图13 表现竖琴师和歌者的随葬俑
　　　第 12 王朝
　　　底比斯麦克特拉墓(TT 280)出土
　　　纽约大都会艺术博物馆藏

图 13

在这个意义上，古埃及人将死亡看作严肃的、无法人为干涉的事件。中王国时期有一篇莎草纸文献记载了一个人和他的巴关于死亡的讨论。故事的主人公因为饱受生活的苦难而有了厌世的想法，但他的巴劝慰他应当继续活下去，等待自然的死亡。在这篇文献中，古埃及人并没有用宗教的惩戒来制止人去结束自己的生命，而是以对生命和人生的敬畏来陈述生存的必要性。

《胡夫与魔法师的故事》也涉及了死亡的严肃性。在故事中，魔法师戴迪能将砍下来的头接回去使死者复活。胡夫王命令侍从带来死囚，然而戴迪却说："不是对人……看哪，没人下令对高贵的羊群做这样的事情。"其中，"高贵的羊群"指人类，戴迪认为死而复生的魔法是不能对人类施行的，也不能以测试魔法为名杀人。这个故事直接地表达出古埃及人对生命与死亡的敬畏之情。

以现代人的眼光来看，死亡是一种瞬时发生的生理现象，但古埃及人却赋予死亡哲学与宗教意义上的内涵，把死亡当作一种生命状态向另一种生命状态的转换。从人的生物意义上的死亡到制作木乃伊，再到入葬仪式，古埃及人的死亡是一个漫长的文化过程。只有经历这一过程，人才能从此岸生命转换为死后世界的生命。这一"转换过程"还涉及一系列社会实践活动，如建造陵墓、装饰墓室、准备随葬品、举行仪式、供奉死者等一系列事项。这些活动不仅需要死者本人参与，还需要其后代参与，且涉及复杂的社会制度与财产制度。对丧葬仪式的制度安排关系到人们的日常生活和经济利益，这些也影响着生死观念的塑造。

每一位君主都会在继位后不久便开始修建巨大的陵墓。在吉萨高地上发现的供工人居住的"金字塔城"向人们揭示了金字塔建造期间的施工过程与后勤管理机制，以及组织大型建筑活动所进行的社会动员。在中王国与新王国时期也有类似的居住区：位于法尤姆附近的拉浑有金字塔城，底比斯的麦地那·哈布有供工匠及其家人所居住的村庄。官员的墓葬也需要提早准备。例如，在位于吉萨的古王国官员墓中，一些墓主人刻画了自己乘坐步辇到墓地巡视的场景。这样的场景旨在显示墓主人承担起了建墓的责任。还有铭文显示，官员给工匠发放酬劳，工匠也出于自愿前来工作。

只有埋葬在埃及的土地上并举行适当的葬仪才能顺利进入冥界。古王国时期一位官员在祭堂的自传铭文中提及自己去往南边的努比亚，因为他的父亲在那里探险时死亡，他需要将父亲的尸体带回埃及妥善安葬。在中王国时期写成的文学作品《辛奴亥的故事》中，主人公辛奴亥因为宫廷政变而逃亡到现在的巴勒斯坦地区。当他年老的时候，他发出了焦虑的哀号："什么能比我的尸身回到我出生的故土更重要呢？"于是，辛奴亥请求埃及国王和王后准许他回到首都。最终，他得到了许可，回到首都后，国王赐给他一座金字塔，并为他委派了祭司来负责死后供奉。

与死后供奉相关的仪式和经济体系把死者与生者紧密联系在一起。卡祭司是照管墓地并为墓主人供奉供品、在节日里举行祭祀仪式的祭司。卡所依赖的供品主要由死者的家人与卡祭司提供。死者在生前通过遗嘱将一定量的土地授予卡祭司及其家庭，土地上的产出就是供品的来源。第 12 王朝的《亥卡纳赫特莎草纸》（图 14）是一位名叫亥卡纳赫特的

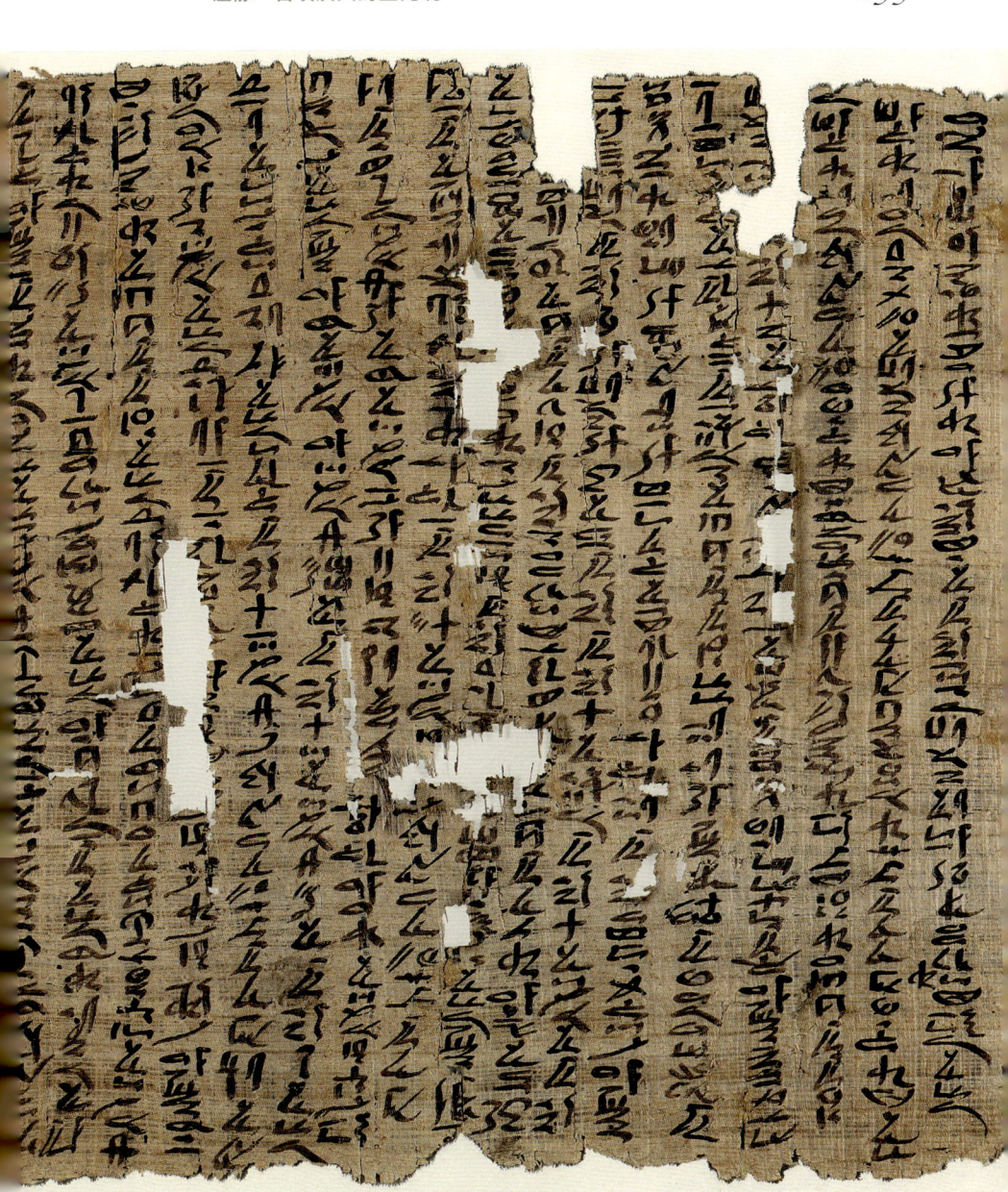

图 14　亥卡纳赫特莎草纸（局部）
第 12 王朝
底比斯地区出土
纽约大都会艺术博物馆藏

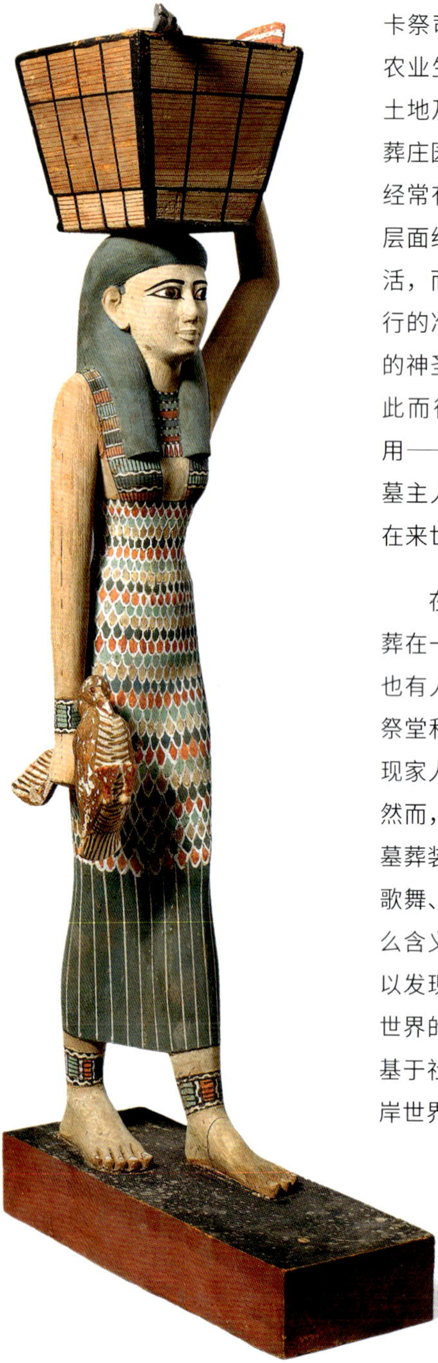

卡祭司所写的信件，记录了卡祭司家庭的农业生产和经营活动。为祭祀生产供品的土地及其附属人员和物资的总体构成了丧葬庄园。（图 15）在祭堂的浮雕壁画中，经常有描绘丧葬庄园的场景。对这些微观层面经济活动的描绘并非为了记录日常生活，而是旨在表现墓主人为去往来世所进行的准备。同时，祭堂是连接现世与来世的神圣空间，墙壁上描绘的丧葬庄园也因此而得以在"魔法意义"上持续发挥作用——观念中永恒存在的丧葬庄园可以为墓主人源源不断地提供供品，确保墓主人在来世享用。（图 16）

在一座理想的墓中，墓主人与妻子埋葬在一起，父母、子女也都安葬在附近。也有人就在自己的墓中为亲属修建单独的祭堂和墓穴。墓葬中的浮雕与壁画中会出现家人的形象，丧葬经文中也会提及家人。然而，这些有关家庭的描绘意味着什么？墓葬装饰之中那些日常生活场景，如宴会、歌舞、狩猎、捕鱼、清点牛羊等，又有什么含义？通过对丧葬经文的解读，我们可以发现，这些艺术主题与古埃及人对死后世界的想象密切相关。墓中描绘的场景是基于社会现实的，但反映的却是人们对彼岸世界的构建。

图 15　运送供品的女性雕像，代表丧葬庄园
第 12 王朝
底比斯麦克特拉墓（TT 280）出土
纽约大都会艺术博物馆藏

图16　卡祭司为墓主人上供
第 6 王朝
位于萨卡拉的官员墓浮雕
温静/摄影

关于彼岸世界最早的描述出现在《金字塔铭文》中，死后世界被称为"芦苇沼泽"和"供品沼泽"。"芦苇沼泽"位于天空的黄道以南，"供品沼泽"位于黄道以北，芦苇沼泽是太阳神接受洗礼的地方，死去的国王将在芦苇沼泽与供品沼泽中得到田地和住所。芦苇沼泽与供品沼泽是尼罗河两岸和三角洲地区泛滥时节自然景观的再现，是一片富饶美丽的水乡泽国。将冥界想象成尼罗河两岸自然风光的再现，说明古埃及人希望死后能在熟悉的环境中过上丰裕的生活。（图17）

图17 出现在供桌上的是芦苇叶，代表芦苇沼泽
第 11 王朝
底比斯出土
纽约大都会艺术博物馆藏
从古王国时期开始，人们便会在墓中修筑假门，并设置供桌，这样死去的先人便能通过假门回到现世，享受供品，现世之人亦可借此寻得庇佑。
古埃及人相信，人在死后进入冥界，其肉体依然需要维持生命力，因而供桌的最主要功能是提供食物和饮料，以便在为死者准备的新鲜食物不能准时到达时，能以一种神秘的方式提供给死者，供其在死后食用。供桌位于祭拜者可以接触到的地方，以便于后来者在供桌上放置新的供品，帮助死者维持其肉身的生命。

古埃及人的主要食物是面包,给死者的供品中最重要的也是面包。在古王国早期的祭堂中,人们将面包的形象刻画在供桌上。然而,随着时间的推移,出现在供桌上的不再是圆锥形状的面包,而是芦苇叶。这就是说,供奉在供桌上的物品已经从仅能饱腹的面包转而成为象征着"芦苇沼泽"的芦苇叶。芦苇沼泽里无所不有,为死者献上芦苇沼泽,就意味着死者能够在冥界过上衣食无忧、富裕美满的生活。在新王国时期的墓室壁画中,墓主人和妻子身穿华丽的长袍,手持农具在生长着巨大作物的田野中耕作,这样的场景也是对来世富饶生活的描绘。

到达死后世界的过程在丧葬经文中通常以隐喻的形式出现。在尼罗河沿岸的大部分地区,生者居住在东岸,而墓地和祭庙都建在西岸,送葬队伍需要运送木乃伊渡过尼罗河。(图 18)因此,河水与渡河就成为去往来世路途的象征。如《棺文》第 169 节所示,死者通过成为尼罗河洪水来到达彼岸:"我的面貌正如大洪水。我生为舍斯迈特的荷鲁斯,我登上河岸。向我敞开,因为我即是大洪水!"(图 19)

人们所构建的死后世界不仅具有与尼罗河流域相似的自然环境,还具有与生者世界类似的社会关系和亲属关系。与家人合葬的观念早在第 5 王朝时就已经出现,家庭成员也开始出现在祭堂的浮雕与壁画中。随着时间的推移,死亡、丧葬越来越多地与家族联系在一起。

在墓葬祭堂中刻画家庭成员的形象,写上与亲属有关的铭文,包括亲属的名字、头衔与称谓,亲属与死者的关系等,是为了在丧葬语境下确定墓主人的社会地位与社会关系。墓葬祭堂是对亲属开放的祭祀空间。丧葬礼仪、建筑装饰、铭文等葬仪安排不仅是墓主人希望在来世所实现的场景(如祭司和家人献上丰厚的供品、与亲朋好友宴饮等),也是墓主人对自身身份的描述。这样的描述与刻画定义了墓主人在更为广阔的社会关系网中的存在,而这个社会关系网既是现世的,也是来世的。本质上,墓主人是在与他人的关系中存在的;或者说,人们意识到他的存在,是通过观察到他存在于一系列的场景中,并与其他人发生一系列联系。例如,墓主人坐在供桌之后接受供品,与家人朋友在一起,接受他们的敬意等。不仅如此,壁画与浮雕的主题都是墓主人有意挑选的,旨

图 18　表现运送木乃伊渡河的随葬模型　第 12 王朝
　　　孟菲斯地区出土　纽约大都会艺术博物馆藏

图 19　写有《棺文》的木棺，属于一位名叫克努纳赫特的官员
　　　第 12 王朝
　　　埃及中部的梅尔地区出土
　　　纽约大都会艺术博物馆藏

在向前来吊唁和上供的人传达特别的信息，使之与死者产生共鸣。

当生者与死者发生了切实的关联时，人们对于死者的去处就会产生更加具体的想象。古王国末期出现了新的文体——"给死者的信"。生者把对死者提出的诉求（通常是祈求保护）以书信的格式写在陶碗、陶罐、莎草纸或亚麻布上，并与供品一起奉献在死者墓前。例如，儿子写信给死去的父母，希望父母能够帮助他与埋葬在同一墓地的兄弟进行沟通，因为父母与死去的兄弟住在"同一座城"中。此处的"城"是指死者在来世所居住的地点。人们想象在死后世界仍会与生前的亲朋好友住在一起，继续维持生前的社会关系。这进一步说明，古埃及人希望来世是今生的延续。中王国时期流行的丧葬经文《棺文》包含了死者在来世与家人团聚的内容。

《棺文》作为最早应用于民间的丧葬经文，虽然大量继承了《金字塔铭文》的内容，但却有很多创新。在智慧与书写之神图特的供奉中心拜尔沙（即希腊化时期的赫尔摩波利斯）发现了数量最多的棺文咒语。这些咒语围绕着死者如何到达来世和如何获得来世生命形成了庞大的知识系统。当时的拜尔沙统治者很可能资助了祭司群体，让他们对来世观念进行了系统的研究。《棺文》中的《双路之书》原名本是"通往罗塞塔的行路指南"，古代抄录者号称发现于文字与智慧之神图特的神殿。在这个意义上，对经文与咒语的掌握等同于对死亡存在的认知，从而成了"生命"的知识。纷繁复杂的关于来世的宗教文献都是在探讨生命在终结性的死亡之后的存在及其可能形态，即奥西里斯的死亡经验如何成为他人的经验，以及如何借由这样的经验来完成生命形态的转化。人们可以经历此岸的生命与作为此岸实践的死亡，但对来世的体验全部都可归结为思维的构建。古埃及人在神庙之中设立的"生命之屋"既是保存各种典籍的地方，也是传授知识的学校。根据希腊化时期的纸草文献《图特之书》记载，在"生命之屋"中，祭司学习各类知识，成为图特的书吏。这样，死者进入彼岸世界，亡灵经过夜晚而在白天再生的仪式过程就成了教育和培养祭司的隐喻，象征着人经由知识的启迪而知晓道理，成为有智慧的人。在这个意义上，生命及其在死亡之后的继续存在，已经与表现为抽象知识的宇宙

秩序完美融合。生命与知识的联系是古埃及生死观念在认识论上的升华。（图 20、图 21）

　　古埃及人的生死观是复杂而立体的，既具有形而上的思辨性，又具有社会层面的实践性。古埃及人敬畏生命，珍视现实生活。《竖琴之歌》等文献体现出他们对人生的赞美和坦然面对死亡的态度。丧葬经文帮助人们在死后顺利进入冥界，并构建出来世美好的生活与灵魂存在的诸多可能性。通过死亡到达来世的方式最终成为奥秘知识，将人的生死与宇宙秩序相联结。在这个基础上，人的重生与奥秘知识的传承相连接，进一步形成了独特的生命知识体系，将生命、死亡、社会价值观、死后世界都纳入宇宙规律之中。正如《荷尔代代夫的教谕》所说：

　　装备你在墓区的住所，让它成为你在西方的完美之地。
　　接受吧，对我们来说，死亡是苦涩的。
　　接受吧，对我们来说，生命是高亢的。
　　死亡的住所为了生命而存在。

图 20　以朱鹭鸟形象出现的图特神
　　　　第 26 王朝
　　　　纽约大都会艺术博物馆藏

图 21
智慧与书写之神图特，常以朱鹭鸟头人身的
形象出现，手持书吏使用的调色板和芦苇笔
第 19—20 王朝
底比斯帝王谷，KV 14 号墓
温静 / 摄影

图坦卡蒙时期的新艺术风格

薛江

由于所处时代的特殊性和执政时间短暂，图坦卡蒙在埃及艺术史上的贡献一直未能得到足够的重视，正如学界流行的一句话："他活着，他死了！"提起图坦卡蒙时代的艺术，我们就会联想到其墓葬出土的大量黄金饰品，这些饰品堪称古埃及工艺的巅峰。这也使目前学界的研究主要集中在图坦卡蒙的墓葬艺术和墓葬的发现过程，对其统治期间艺术风格的研究较为有限。

作为一位少年法老，图坦卡蒙生活在一个极其重要的转折时期。他在在位的短短9年时间里（公元前1355—前1346年），留下了极其丰富的遗产。除了举世闻名的墓中宝藏，还完成了卡尔纳克、卢克索神庙中阿蒙荷太普三世没有完成的建筑，留下了多座雕像，包括阿蒙神像和他自己的巨像。

这些物质遗存在风格上充满了矛盾，样式极为多变，这与他特殊的成长背景、执政年龄、在世时间有着密切的关系。图坦卡蒙应该是出生于当时的新都阿玛尔纳，在埃赫纳吞去世后，他以9岁的幼龄继位，之后他将都城迁回孟菲斯，立下复兴石碑，重启了卡尔纳克与卢克索神庙的修建和使用。可以说，图坦卡蒙短暂的一生跨越了两个时代，更经历了阿玛尔纳宗教改革这一重大的历史事件。因此，学界在研究图坦卡蒙艺术的时候，往往将其分为两个时期，一个时期是对其父亲埃赫纳吞时期艺术风格的延续，被称为"后阿玛尔纳艺术风格"，另一个时期是他所复兴的其父之前的古埃及王家艺术风格，被称为"传统埃及艺术风格"。

上海博物馆2024年举办的古埃及文明大展设置了"图坦卡蒙的时代"版块，馆方从埃及国家博物馆借来了一件图坦卡蒙巨型雕像（编号为JE59869，图1），创作年代为图坦卡蒙统治后期，其艺术风格独树一帜，既是从概念艺术到视觉艺术的转变，也是写实主义与仪式文化的完美结合。更值得一提的是，这件雕像的风格并非之前学者认为的那样仅仅是对传统的回归，而是区别于之前的埃及艺术，在图坦卡蒙时期创造出的一种独特的艺术风格。

另外，笔者在图坦卡蒙的墓室和陪葬品的装饰上发现了有关"阿吞神"的铭文和图像的变体，这与学界以往所认为的在图坦卡蒙统治时期，

图 1
被阿伊和赫伦布挪用的图坦卡蒙石英岩雕像
第 18 王朝
埃及国家博物馆藏

这尊雕像包括了基座、躯干和头部，国王身后有背柱支撑，他的左脚向前迈进。基座上的铭文是赫伦布的名字和头衔：万岁！荷鲁斯、阿蒙－拉所爱之人、两地王座之主、卡尔纳克神庙的诸人之首、上下埃及之王、（太阳神化身的圣者、拉神选中的）拉神之子，像太阳神一样永生永存。

雕像底座的后部没有铭文，国王的四肢和右肩业已不存，胡须、圣蛇和王冠顶部等细节一并缺损，左脸和头巾遭到了毁坏。国王仅仅戴着项链和头巾、穿着短裙，他的名字出现在腰带扣上，其后斜插着一把隼头匕首。国王的身体轮廓柔和，大腿上部较为粗壮，面容年轻且优雅，鼻翼厚而圆润，嘴唇线条刻画细致，上唇很短，双耳位置相对较高。

彻底摒弃了"阿吞神",而复兴了传统多神信仰的观点有着较大的不同。笔者认为在这一时期,阿吞神信仰与传统众神信仰融合,产生了一种新的多神信仰,从而产生了新的艺术风格。

因此,本文将针对这种独特的艺术风格进行研究,分析其形成原因及产生土壤。

图坦卡蒙新艺术风格的特征

收藏在埃及国家博物馆的图坦卡蒙巨型雕像(图1)是1931年芝加哥大学东方研究所的考古学家在麦地那·哈布的一处阿伊和赫伦布的祭庙中发掘出来的。与这件雕像一起发现的还有一件同样形制的图坦卡蒙雕像,学界称之为"双胞胎雕像",目前保存在芝加哥大学东方研究所博物馆(编号为14088,图2)。

图 2
图坦卡蒙巨像
芝加哥大学东方研究所藏

这两尊雕像都是用石英岩制成的,实际高度超过 5 米,重约 6 吨。制作时间为图坦卡蒙统治时期,是同时期西半球最高的古埃及雕像。这两尊雕像发掘时都已经残损,其中埃及国家博物馆收藏的这尊相对完整,尼美斯冠和面部保留了原始色彩,但雕像的白冠、尼美斯冠、左肩、左胸、右脸、右嘴角、下巴、假胡子、两臂、双腿都存在不同程度的破损。芝加哥大学收藏的那尊损伤更为严重,被发现时分裂成了三个残段,即王冠、头像和躯干。1933—1934 年,由芝加哥大学修复专家多纳托·巴斯蒂亚尼和莫里斯·巴丁修复完成,其中手臂、腿脚、脖子、下巴和底座均为现代材料修复。

相对于传统的国王雕像,这两尊雕像特征鲜明,主要体现在从概念艺术到视觉艺术的转变和写实主义与仪式文化的完美结合这两个方面,即从传统的、程式化的形象,转变为对具体事物的刻画,从记忆中的物象转变为写实中的物象。因为创作观念的变化,美学特征也随之变化,因此,图坦卡蒙时期的艺术呈现的是人眼中看到的自然美,而不是传统的概念美,这一特点奠定了图坦卡蒙新艺术风格的基调。

从埃及国家博物馆收藏的这尊雕像来看,图坦卡蒙五官清秀、结构分明、比例协调;身材健壮、魁梧、修长、匀称;肌肉线条明显,凹凸有致。从整体上看,这是一位美男子,可谓非常"性感",散发着属于年轻男子的荷尔蒙,但眉宇间又透出几分少年的青涩。这尊雕像没有遵循帝国早期艺术的程式,例如古板肃穆的脸庞、绝对镜像对称的眼睛与眉毛,机械的鼻子和嘴,以及静态的身材,同时也不再使用阿玛尔纳艺术中夸张的细眼、长脸、大后脑勺、细脖、细腰、巨臀、纤细且没有肌肉的腿,而是采用写实的表现手法来刻画对象的面部和身体特征,凸显出个体的差异性,注重神态的表达,做到了形神兼备,活灵活现。

笔者通过网格化分析后发现,图坦卡蒙脸部的比例与正常人的比例非常接近,三庭五眼,但又不是那么绝对,充满变化。例如从平视角度来看,左右脸形并不对称,左脸的轮廓线相对圆融,右边则结构转折明显。这应是与咀嚼习惯有很大关系,脸部两边的肌肉并不对称,可见当时工匠对国王图坦卡蒙有细致的观察。雕像的五官特征突出,浓眉大眼,双眼和眉毛不再是传统的、镜像对称的轮廓线式样（cosmetic line），而是在保持非对称平衡的状态下将个性化的特征体现得淋漓尽致。其中左眉呈柳叶状，相对平缓；右眉呈弦月状，相对高挑，在眉弓处转折明显；两只眼睛同样如此，右眼的结构转折明显，左眼则相对平缓，但双目炯炯有神，充满神气。鼻子的形状也独具特征，是典型的古埃及人的"肉鼻子"——鼻梁扁平，鼻翼及鼻尖大而开阔，且鼻子整体较短，鼻孔外露较多。嘴形轮廓分明，厚嘴唇，也就是俗称的"嘟嘟嘴"。双耳同样是比例适当，结构转折明显，但又存在变化。

在身体比例和造型方面，头与身体的比例接近1:8，乳头与肚脐的比例为1:1，头与肩的比例、肩与腰的比例皆为黄金分割比，堪称完美。在身体结构、体面转折和肌肉表达的处理上恰到好处，刚中见柔，自然而协调。其中肩、腰、臀三者为两个倒梯形关系，是典型的男性特征。在体块关系的处理上非常自然流畅，尤其是头、颈、肩关系的处理上，比例协调，三者的穿插关系处理到位。肩、胸、臂的关系同样精彩，宽阔的肩膀、发达的胸肌、粗壮的胳膊，层次分明，重点突出。腹部通过肌肉的塑造微微隆起，臀部肌肉紧致，双腿粗壮结实。

在姿态方面，雕像则吸收了新王国"帝国时代"的王家风范——体量巨大，身材挺拔，肌肉发达，双手下垂，手握权杖，右腿向前迈出，脖子上佩戴宽项链，着象征王家的短裙，和新王国帝王作为军事胜利者的姿态一样，充满威严。

综上来看，这两尊雕像已经实现了从传统的概念艺术向表现艺术的转化。传统的埃及雕像主要是围绕其功能而进行创作的，是一种理想化的国王形象，通过打造绝对完美、绝对静态、绝对永恒的形象，来宣扬国王的神性和权威。在埃赫纳吞时期，国王的形象转而以自然主义手法来表现，在此过程中，又走向了另一种极端的"概念化"。这种表现手法虽然在风格和形态上与传统国王雕像有着本质的区别，但其背后仍然是一种程式化的观念。图坦卡蒙在这两种概念化的风格之间选择了一种"表现主义"的风格，即以人为中心的视觉表达方式。雕像如实刻画了国王的样貌、身体，并通过各种细节性的描绘传递出了图坦卡蒙的年龄、气质，通过这种表现手法为一块原本无生命的石头赋予了血肉，注入了情感。这两尊雕像标志着一种结合了理性主义和写实主义的全新风格的诞生。

在采用了表现主义风格的同时，图坦卡蒙的雕像也没有抛弃传统的塑造方式，在确保人物的个性特征得到充分刻画的基础上，保持了神圣化、仪式化的风格，即左腿迈出、双手紧握权杖的姿态，做到了写实主义与仪式功能的完美结合，既描绘出图坦卡蒙本身的特征，又通过仪式性的动态传递了作为国王的权威性和神圣性。

由此可见，这两尊雕像体现了神性与人性的完美融合，按照现代艺术的标准来看，体现出了一种"古典美"，可谓难得的艺术精品。这种新艺术风格不仅仅体现在以上两尊雕像中，在卡尔纳克神庙、卢克索神庙保存的雕像中都有体现。除去图坦卡蒙统治期间制作的个人雕像，他墓葬中出土的雕像也具有这样的新艺术风格。

图坦卡蒙时期的艺术风格不仅体现在自己的雕像上，还体现在神的雕像上，例如现藏在埃及开罗国家博物馆中的图坦卡蒙内脏棺（卡诺匹斯罐，图3）。整个棺椁材质为木质镀金，由两层结构组成。外层的造型是一座与雪橇状拖船结合的神亭，顶部精致的飞檐上装饰有头顶太阳圆盘的圣蛇饰带，四个亭柱上装饰有象形文字铭文。内层的结构造型像神龛，顶部装饰有圣蛇饰带，四面装饰有传统的墓葬图案和铭文，四面分别有伊西斯（Isis）、奈芙提斯（Nephthys）、奈特（Neith）和塞尔凯特（Selket）四位站立的女神形象，她们的手臂伸开，脸微微转向一侧。这四尊神像同样采用了较为写实的人物肖像表现手法：卵形脸，面部结构平缓圆润，尖下巴、大眼睛、挺拔的鼻梁、樱桃小嘴，整体面容非常精致、漂亮。身材协调，女性特征尽显：柔美的脖颈、纤细的腰部、性感的臀部、修长的四肢、微微凸起的小腹，加上回眸的动态，可以说是古埃及人眼中完美的女性形象，体现着女神的神性。在女神的衣服样式上也采用了当时流行的宽松褶皱裙，整体比例非常协调，充满活力、自信和灵气。

除了雕像，这种艺术风格在卢克索神庙中的浮雕上也有体现。（图4）

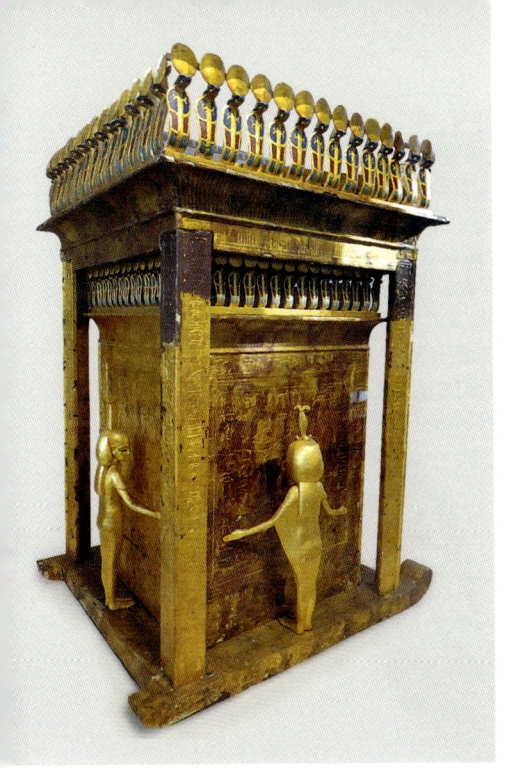

图 3-1　图坦卡蒙内脏棺　　　　　　　图 3-2　图坦卡蒙内脏棺上的奈特女神形象

图 4　图坦卡蒙壁画比例

图 5　图坦卡蒙的黄金面具
新土国时期
埃及国家博物馆藏

图 6 图坦卡蒙的黄金棺椁
新王国时期
埃及国家博物馆藏

画面中图坦卡蒙头戴蓝冠，手持圣水瓶，正在施行浇祭仪式。浮雕的构图仍然采用了传统的表现形式，包括隔层法和侧首正身率。但是从人物形象上看，面部采用了较为写实的手法，头型正常，头颈也回归到了正常比例，而不再是阿玛尔纳时期的大后脑、细长脖子。同时，五官特征明显、结构分明、比例协调。在头身比上，头部与整个身体的比例为 1:7，这与上文中图坦卡蒙的两尊个人雕像的特征相符。由此可见，图坦卡蒙的壁画形象已经不再坚持阿玛尔纳时期的身体比例和夸张的身体特征，而是采用了传统的仪式化与写实主义相结合的方式，既保留了接近传统国王形象的身体比例，又在一些细节上抛弃了生硬的线条和程式化的元素，凸显了人体的自然特征，例如流畅的身体曲线、微微凸起的小腹，并对肌肉、膝盖骨等人体结构进行了细致刻画。

除此之外，"尚金"也成为了图坦卡蒙时期艺术风格的重要特征。不仅图坦卡蒙墓室壁画的底色为金色，其墓中也出土了大量黄金制成的随葬品，例如最著名的黄金面具（图5）、黄金棺椁（图6）、黄金雕像等，涉及的工艺包括刷金、贴金、捶镍、錾刻、阴线刻、鎏金与镀金、掐丝、焊缀与镶嵌、错金、包金等，将这一时期的黄金装饰工艺推向了巅峰。

综上，笔者认为图坦卡蒙时代的艺术风格是人性与神性、传统与现代、表现主义和仪式功能等多方面的结合下所创造的一种风格，可称之为"图坦卡蒙新艺术风格"。

图坦卡蒙新艺术风格的生存土壤

古埃及是一个神王合一的国度，信仰上的任何改变都会产生新的艺术风格。学界一直认为宗教复兴是图坦卡蒙统治时期信仰上的主旋律，因为他不仅修复了被破坏的神像，废除了父亲埃赫纳吞的一神信仰，还通过复兴石碑表明了与埃赫纳吞统治时期破坏传统宗教行为的决裂。此外，图坦卡蒙在宗教上回归了传统的众神信仰，尤其是重新将"阿蒙神"提升到众神之主的"国家神"的地位。但是，笔者在研究中发现，事实并非全然如此。图坦卡蒙在回归传统多神信仰的同时，将"阿吞神"的形象进行了保留和转化，将原来太阳圆盘和带手光线组合的样式，替换为带翼日轮，将"阿吞神"的黄色光线保留为艺术中使用的大量金色，并将太阳神置于至高神的地位，完成了阿吞崇拜与传统宗教的融合，形成了独属于其时代的"新多神信仰"。

对于图坦卡蒙在位期间"废除一神信仰、复兴传统众神信仰"的观点，也有一些学者提出了质疑。例如比尔·普莱斯（Bill Price）在《图坦卡蒙：埃及最知名的法老》中提到，图坦卡蒙对其父埃赫纳吞的"一神教"并不是像"复兴石碑"上所描述的那样彻底抛弃，而是经历了一个非常复杂的过程。他指出，图坦卡蒙在迁都底比斯时，不仅将父亲埃赫纳吞和祖母泰伊（阿蒙荷太普三世的妻子）的木乃伊重新安葬在帝王

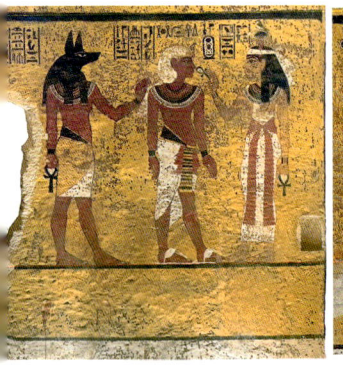

图7 图坦卡蒙墓室壁画（局部）

谷，还将泰伊的一绺头发作为自己的随葬品，放在精心制作的金棺中。除此之外，图坦卡蒙的一些随葬品上还刻有埃赫纳吞、纳芙蒂蒂、美克塔吞（Meketaten）和梅丽塔吞（Meritaten）等家人的名字。

在图坦卡蒙墓室的装饰中也可以看到这种新旧信仰融合的迹象。主墓室的面积不大，四面墙壁底色为金色，装饰有壁画（图7）：东墙是图坦卡蒙国王的葬礼画面，赫伦布、维齐尔、大祭司组成的队伍托着图坦卡蒙的神亭金棺向前行进；西墙是《冥世之书》（Amduat）第一个小时的内容，画面分为四个大隔层，顶层为太阳船在众神的护佑下，在冥世（duat）中穿行，其他三个隔层描绘了16只狒狒。北墙是图坦卡蒙木乃伊的开口仪式，画面分为三组：第一组是在国王之"卡"陪伴下的图坦卡蒙拥抱奥西里斯；第二组是国王和王后的形象；第三组则是头戴蓝冠、身穿豹皮的祭司为图坦卡蒙的木乃伊开口。南墙为赐予国王生命气息（复活）的画面——图坦卡蒙在阿努比斯的保护下，由女神哈托尔赐予生命气息，阿努比斯身后的伊西斯则张开双臂欢迎国王的到来。

国王与众神互动的壁画主题也出现在图特摩斯三世和阿蒙荷太普二世、三世的墓中。在埃赫纳吞统治之前，第18王朝王家陵墓的装饰主要是《冥世之书》的全文——这部"来世文献"讲述了太阳神夜间十二个小时在冥界的旅行，隐喻着从死亡（日落）到重生（日出）的过程。

后来墓葬的柱子和地上祠堂中逐渐增加了其他装饰元素，特别是国王在众神面前献祭和众神赐予国王神圣的生命气息的画面。图坦卡蒙墓室壁画既有对历代国王墓室壁画主题的继承，也有其自身统治时期的创新，例如国王拥抱奥西里斯的画面就是首次出现。这些画面一方面强调了图坦卡蒙时期对奥西里斯崇拜的回归，另一方面则是继承了父亲埃赫纳吞神化自身的做法，强调其与众神的亲密性和在神界的主动性。

尽管回归了对众神的信仰，埃赫纳吞所信仰的阿吞神也没有被完全废止，而是在形式上发生了转化，墓室壁画中以各种方式暗示其存在。例如图坦卡蒙内脏棺的两行铭文中明确提到了阿吞神，并形容图坦卡蒙就像太阳一样永生，这也就解释了为什么图坦卡蒙时期的艺术尚金、尚黄，因为金与黄是太阳的颜色，代表着阿吞神的存在：

盖伯说：你的头永远是你的，当阿吞出现的时候，你的眼睛能看到他，你的嘴巴能辨别出你鼻子的呼吸。你将永存并恢复你的活力。你将像地平线上的阿吞一样升起，因为我是你永远的保护者，国王图坦卡蒙！你每天都如太阳一样生机勃勃。

在墓室的其他装饰和出土文物的装饰中也可以看出阿吞神形象的转化过程。例如在墓室神殿 2 的大门上，整个门都被涂成金色，门楣上装饰有金色带翼日轮和铭文，带翼日轮展开的翅膀上的羽毛和阿吞神带手的光线一样，呈放射状指向门上的装饰画面。其中左边门上的画面分为两个隔层，顶层由伊西斯女神、头戴红白王冠的图坦卡蒙、头戴王冠的奥西里斯等几个形象组成，画面的主题是传统的墓葬题材——国王在母亲伊西斯女神的陪同下向父亲奥西里斯献祭，其中最为特别的是国王头顶的日轮。铭文中明确显示国王在阿吞神和众神的护佑下完成了从死到重生的转换，可以说是阿吞神信仰与众神信仰融合的具体体现。

除此之外，墓葬里的一些随葬品中也有大量转化后的阿吞神形象和铭文存在。例如埃及国家博物馆收藏的图坦卡蒙专用的"仪仗金扇"（图8）。从造型上看，金扇与传统的仪仗用扇子一致，扇面上表现的是国王驾着战车，手持弓箭狩猎的情景，与先辈国王的形象并无差别，唯一的区别就是国王头顶右前方出现了一个日轮图案，日轮既是阿吞神的形象,也是描述阿吞神的象形文字符号。另外一件金木盾牌（JE61577）上,顶端的带翼日轮笼罩着整个画面,国王图坦卡蒙化身为斯芬克斯,头戴红白王冠,脚踏两位来自努比亚的敌人,旁边竖立着仪仗用的扇子和鹰神荷鲁斯。除了顶层的带翼日轮,画面中扇子上也有一轮初升的太阳,光芒四射,铭文中也提及了阿吞神对国王的护佑。

这种新的信仰与图坦卡蒙的祖父阿蒙荷太普三世存在直接的关联。阿蒙荷太普三世统治时期的一首太阳赞美诗写道:"向你致意,白天的日轮,一切的造物主和万物生命的给予者。"这是一首阿蒙-拉的赞美诗,但是日轮（即阿吞）这个词被用于称呼太阳神。由此可见,图坦

图 8 图坦卡蒙的仪仗金扇 第 18 王朝 埃及国家博物馆藏

卡蒙时期的阿吞神形象是在阿蒙荷太普三世和埃赫纳吞综合影响下产生的。

以上这些画面与文字显示出阿吞神与传统的众神已经完全融合，图坦卡蒙时期也因此诞生了独属于其时代的宗教信仰和艺术风格。上文中提到，图坦卡蒙处在一个非常复杂的时代，特殊的时代背景，造就了特殊的艺术风格，这种风格是在复杂的选择中逐渐形成的。

出土于图坦卡蒙墓室走廊内的一件木雕，现藏于埃及国家博物馆（图9），就诠释了"图坦卡蒙新艺术风格"形成的路径与轨迹。这件木雕由三部分构成，由下到上分别是：象征原初之水的水蓝色底座、升出水面且拥有金色花柄和蓝色花瓣的蓝莲、孩童时期的图坦卡蒙头像。其描绘的是在原始水域努恩（Nun）中央，巨大的蓝莲破水而绽放，年轻法老的人首从蓝莲花中生长而出的景象。从侧面看，该雕像的后脑勺非常大，与阿玛尔纳时期的人像造型非常相似，但脸部造型又采用了写实主义。这尊雕像明显是图坦卡蒙儿童转向少年时的形象，具有典型的 7 至 10 岁年龄段的男孩子们的特征，脸部圆润、大脑门，眼睛在整个脸部的二分之一处，目光炯炯有神，还有两只大耳朵。

莲花与永生之间的关系源自古埃及的经典文献。古王国时期的《金字塔铭文》中就描述了莲花为法老与太阳神之间关系的媒介，凭借与神的亲密和永不磨灭的权力，法老能够顺利实现在另一世界的复活，不断更新生命，获得永生的力量。到中王国时期，创世神话延续了《金字塔铭文》内含的永生愿望，化身睡莲的法老从太阳的追随者变成太阳的保护者和孕育者，获得了初升太阳神和婴孩荷鲁斯的双重象征寓意，冥世复活之路虽更加复杂，却也增添了更多想象力。新王国时期，睡莲象征复活这种意象蓬勃发展，乃至"全民狂欢"的程度：神庙和墓葬里作为"太阳之子"的法老，和《亡灵书》中"变成睡莲"的普通人在走向复活和永生的道路上殊途同归，这种情结不断发展，一直延续到古埃及文明的终结。

不论是充满生机的睡莲本身，还是古埃及人由睡莲而引申的宗教象征，其内核都是古埃及人一代又一代对实现复活和永生的不懈追求。因

图9 睡莲中诞生的图坦卡蒙
第 18 王朝
埃及国家博物馆藏

此可见图坦卡蒙这尊雕塑表达的仍然是仪式化的内容，但从艺术风格上看，则是典型的阿玛尔纳艺术风格与图坦卡蒙时期的写实主义的结合。处在时代转折期的小法老的艺术形象正显示出对传统的继承和创新。

图坦卡蒙新艺术风格的推动力量

"图坦卡蒙新艺术风格"是受到多方面影响而诞生的一种独特样式，主要体现在以下几个方面。

父传子承——埃赫纳吞遗风

图坦卡蒙艺术风格的形成，与其父辈有着千丝万缕的联系。虽然在他继位后提出了文化复兴，但作为埃赫纳吞家族中的后辈，前任国王潜移默化的影响不可小觑。

埃赫纳吞（即阿蒙荷太普四世）无疑是古埃及历史上最具争议的统治者。他对埃及的统治大约持续了 18 年（约为公元前 1353—前 1335 年），并以迁往新首都阿玛尔纳为时间节点，分为两个时期：以底比斯的阿蒙神崇拜为中心的阿蒙荷太普四世时期，以阿肯塔顿的阿吞神崇拜为中心的埃赫纳吞时期。在位的第四年，阿蒙荷太普四世更名为埃赫纳吞，意为"阿吞神的阿赫（古埃及人世界观中的一种灵魂）"，并大力推行以日轮神阿吞为核心的一系列宗教改革。埃赫纳吞创作了著名的《阿吞大颂歌》，它被誉为古埃及重要的文学作品之一。

埃赫纳吞时期，宗教信仰发生了变化，从众神信仰到一神信仰，独尊阿吞神，艺术上也转向自然主义。由埃赫纳吞宗教改革引发的艺术领域的革命更体现了这种个性化潮流对传统艺术的反动。这些被称为"阿玛尔纳风格"的作品倡导"表现主义"，从形式上打破了古王国以来形成的呆板、严肃、毫无生机的艺术风格，代之以生动活泼的写实主义刻画；从内容上大胆尝试，除了以阿吞神取代众神作为唯一的崇拜对象，还剔除了传统艺术中法老的神圣诞生、表彰法老的战功、炫耀通过贸易或征战所攫取的财富等主题，取而代之的是对王室成员的日常生活、天伦之乐以及优美的自然风光的描绘。法老庄严不可侵犯的形象被充满生活情趣的普通人形象所取代,给沉闷的艺术领域带来了新鲜的空气。

例如本次展览中一件描绘国王及其家人的浮雕上(见本书p119),在拟人化的阿吞光芒的照射下,国王及王室成员呈现为一种非常放松的状态。阿玛尔纳时期的浮雕中,国王不是与妻子一起饕餮大吃,就是与女儿亲昵嬉戏,完全没有传统艺术中法老的威仪。在人物形象的塑造上,主要以轻松写实的自然主义手法来生动地表现埃赫纳吞及其家人、臣民的样子:长脸、细眼、厚唇、突出的下颚、瘦长的脖子、超大的后脑勺、肥胖的腹部、粗壮的大腿,与传统的艺术形象大相径庭,显得格外生动,甚至将国王埃赫纳吞的丑陋、病态表现得一览无余。与此同时,该时期的王家服装也非常华丽,出现了超大的项圈、精致的首饰、带有褶皱而宽松的裙子、休闲的人字形拖鞋以及各种随风舞动的飘带等。

与此同时,这个时期还出现了很多写实主义的风景画。例如本次展览中的一件《植物和鸟类彩绘的地板》(图10),来自阿玛尔纳南部一座被称为"玛汝阿吞(Maru-Aten)"的宫殿,这座宫殿是为埃赫纳吞的女儿梅丽塔吞(Meritaten)而建的。1891年,皮特里在这座宫殿的E厅发现了众多墙画、地板画以及各种装饰品。展览中的这块彩绘石膏地板上使用了蓝、绿、棕、黄等颜料,描绘了沼泽中的芦苇、纸莎草和莲花等水生植物以及一只正要起飞的野鸭,整个场景构图清新而极富生命气息。

这些文物都体现出埃赫纳吞时期对自然主义的崇尚,是《阿吞大颂歌》的图像呈现。《阿吞大颂歌》中详细描述了阿吞作为创世之神造福生命,为土地注入生命力的情景,以及在阿吞的照耀下,自然世界祥和、生机勃勃的景象:

你壮美地从天空的地平线落下,
你是充满活力的阿吞,生命之源!
你仁慈宽厚、巨大无比、耀眼夺目、高悬大地之上,
你的光芒笼罩各地,一切造物,从无遗漏。
所有牲畜都依赖它们的牧草,

图 10　来自阿玛尔纳"玛汝阿吞"的《植物和鸟类彩绘的地板》
　　　　第 18 王朝
　　　　埃及国家博物馆藏

3303C/6

树木和植物欣欣向荣，
鸟儿在巢穴中振动翅膀，
因崇拜你，它们的羽翼高高扬起，
所有野兽都跃起它们的蹄子，

所有飞翔或降落的造物，
当你为它们升起时，它们才能生存。
船只在逆流和顺流中同样航行，
每条大路看到你就可通行。
河中的鱼儿在你面前穿梭，
你的光芒落在大绿海中。

通过以上的文物和文献，可以发现自然主义是图坦卡蒙的父亲埃赫纳吞时期的重要创作风格，这对图坦卡蒙时期选择自然主义产生了相当大的影响，当然，这经历了一个循序渐进的过程。

在图坦卡蒙统治初期，与"阿玛尔纳风格"相一致的艺术作品有很多，可见父辈对他的影响。例如图坦卡蒙宝座靠背上的画面（图 11）和图坦卡蒙时期的一块石刻上（图 12）均表现了国王和王后阿赫森纳蒙（Akhensenamun）的互动场景，这个场景体现出了标准的"阿玛尔纳风格"：人物状态非常放松，展示了浓郁的生活气息。在第一幅画面中，两人头戴王冠，佩戴着大项圈等奢华的装饰，身着褶皱裙，脚蹬人字形拖鞋。其中国王图坦卡蒙倚坐在椅子上，右手弯曲搭着椅背，左手搭在腿上。王后右手搭在国王的肩膀上，左手持一件绿松石色器物，似乎两人正在交流着什么。第二幅画面中人物着装与第一幅基本相同，但王冠有区别，国王头戴蛇形冠，王后光着脚。这幅画面中的人物形象仍然很放松，国王左手拄着拐杖，右手自然下垂，身体呈现 S 形倚靠在拐杖上，身上的飘带随风舞动着。王后双脚并排站立，双手持鲜花，右手的鲜花递到国王的鼻子前，俨然一幅夫妻赏花嬉戏图，人物状态非常松弛。

这两幅画面中的人物既有阿玛尔纳艺术的特征——突出的后脑勺、

薛江　图坦卡蒙时期的新艺术风格　　　　　　　　　　·229·

图 11　图坦卡蒙的王座（整体和局部图案）
　　　　第 18 王朝
　　　　埃及国家博物馆藏

图 12　带有图坦卡蒙和王后形象的石刻
　　　　第 18 王朝
　　　　柏林新博物馆藏

长脖、细腰、巨臀等,又有图坦卡蒙时期"写实至上"的特点。尤其是第二幅画面,国王手拄着拐杖,身体重心在右边,明显左腿长于右腿,且左脚为残疾。国王图坦卡蒙是一位残疾青年,身材偏瘦,这在他的木乃伊上已经验证。

在埃赫纳吞晚期已经出现了写实主义的表现手法,例如纳芙蒂蒂头像(图13)。这尊雕像因为凸显了与古埃及传统王家雕塑的差异性与独特的审美高度而享誉世界,这对图坦卡蒙时期的写实主义雕塑产生了重要影响。国王个人的雕像上微微凸起的小肚子、没有线框的眼睛等也都是受到了阿玛尔纳的影响而创作出的新样式。因此,尽管在宗教上倡导回归传统,但图坦卡蒙时期的艺术风格依然继承了大量埃赫纳吞时期的遗风。

复古主义——帝国早期艺术风格的回归

经过古王国、中王国两个阶段,在新王国时期,古埃及艺术的传统规范基本确立下来:建筑以宏大为美,雄伟壮观;雕塑整体性很强,极具概念化和程式化;绘画线条流畅优美,色彩丰富。但总体来说,呆板和程式化是古埃及传统艺术最主要的特点。当然,这并不意味着古埃及艺术是停滞、没有变化的。从面部特征我们可以清楚地看出各个时期艺术风格的发展脉络及各时期的工匠是如何实践其对于美的理想的。古王国时期的国王雕像更多地强调其"神性",反映出该时期专制王权的强盛;历经分裂又统一的中王国时期,国王开始在雕像中展露沉重的"忧患"意识,也由于地方主义风格对传统风格的冲击,出现了许多颇具个性色彩的佳作;新王国时期的帝王们则以军事胜利者的姿态追求高大、奢华、自信的形象。而某些王室雕像也反映出家族的生理特征,如图特摩斯家族的雕像多有挺直的鼻梁和较短的下巴,阿蒙荷太普三世家族的特征则是小而微翘的鼻子、略厚的嘴唇,等等。

由于第二中间期喜克索斯人的入侵,新王国早期的国王从传统意义上的"神王"转变成了英勇善战的勇士,国家也随着战争的不断胜利进入了帝国时代。随着国家边界的扩大、财富的积累,埃及艺术也吸收了

图 13　纳芙蒂蒂王后头像
第 18 王朝
埃及国家博物馆藏

图 14　阿蒙荷太普三世祭庙门口的美侬巨像

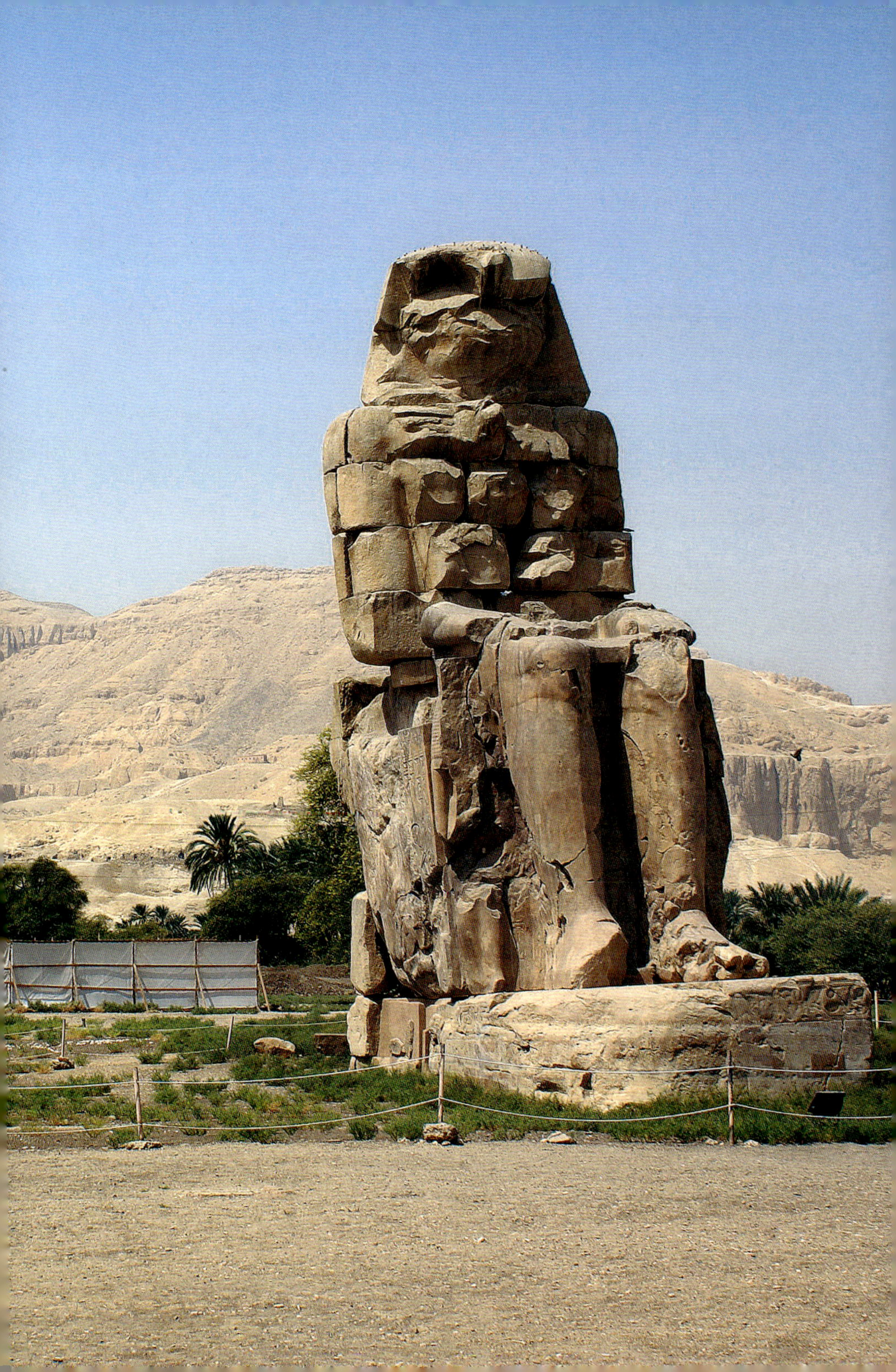

不同地区的创作风格和创作技术，在各个方面都有了长足的进步。自图特摩斯三世开始，从国王到贵族，皆将曾经的简单亚麻裙替换成精致、奢侈的长褶皱裙、华丽的束腰外衣以及流线型的衣袖；昔日朴实无华的头饰被一顶精致的、卷曲而垂于肩上的假发所取代；而曾经赤裸的双脚现在则穿上了优雅的凉鞋，尖尖的脚趾向上翘着。人物形象也从程式化走向了逐渐表现出情感与个人特色。现藏于柏林博物馆的一幅浮雕中，可以看到孟菲斯大祭司的两个儿子在跟随父亲的遗体进入坟墓时表现出的那种被抛弃的悲痛，与他们身后那些大臣的严肃和教条形成了鲜明对比，展示了此时工匠们对生活的诠释和对个性的欣赏，使艺术在其中得到了最极致的表达。

在帝国时代的埃及，国王成了战神，拥有超群的力量，是庞大国家的代言人。因此，在这个时期，国王的雕塑、壁画等艺术形式主要彰显的是国家的强大力量，张扬和奢华风盛极一时。图特摩斯四世的战车上绘制的战斗场面呈现出前所未有的复杂和精致，标志着埃及艺术所取得的最高成就。在欧洲各大博物馆中珍藏的各种新王国早期的文物足以显示当时王室生活的气派奢华：国王的桌上摆满了华丽的金银器皿，杯沿上装饰有人、动物、植物和花卉的图案，在水晶高脚杯、玻璃花瓶和镶嵌着浅蓝色图案的灰色瓷器中间闪闪发光。墙壁上挂满了做工精细的挂毯，色彩鲜艳，图案精美，足以媲美最上乘的现代作品。

在阿蒙荷太普三世时期，埃及帝国进入了鼎盛时期，精致且体量巨大的艺术品以及文明之间的交流与互鉴成为这个时代的主题，国王的雕塑也成为了这个时代富有代表性的艺术精品。雕塑中的国王精神状态饱满，雄赳赳气昂昂，穿着华丽的衣装，戴着精致的装饰品和形式多样的假发和王冠。例如至今矗立在阿蒙荷太普三世祭庙（已不存）门口的美依巨像（图 14，高 18 米）和阿蒙荷太普三世神庙北门的阿蒙荷太普三世巨像（图 15），虽然残破，但巨大的体量仍然在述说着当年的辉煌。尤其是阿蒙荷太普三世巨像，国王头戴白冠，身材魁梧，体态健硕，肌肉发达，双臂下垂，手握权杖，左腿迈开，与两尊图坦卡蒙雕像基本一致。可以看出，图坦卡蒙的复古与其祖父的艺术风格有着紧密的联系。

图 15　阿蒙荷太普三世巨像

　　图坦卡蒙对祖父阿蒙荷太普三世的复古，还表现在他统治期间对卡尔纳克和卢克索神庙中阿蒙荷太普三世神庙的修复和未完工项目的推进方面。图坦卡蒙不仅修复与重建了这些建筑，同时还挪用了阿蒙荷太普三世的一些遗存，例如"狮子雕像"（图 16）。该雕像创作于阿蒙荷太普三世统治时期，但图坦卡蒙将底座上的铭文改成了自己的名字。该作品是古埃及雕塑艺术史上一件重要作品，它的出现标志着古埃及雕塑从传统的正面率、功能性、仪式性向全视角、写实性、艺术性转变，可以说是古埃及表现主义或者自然主义雕塑的开端。这件雕塑打破了古埃及传统雕塑只表现正面的原则，对雕塑的五个面都进行了精彩的塑造；同时还以物象为核心要素进行了全方位的表现，对狮子的面部、肌肉、骨骼、动态、气质等方面都进行了细致的刻画。学界认为这件作品是帝国时代埃及与其他文明融合的产物。图坦卡蒙对该作品的挪用，一方面是古埃及的传统，另一方面也说明了他对这件作品的喜爱和欣赏。笔者认为图坦卡蒙时期表现主义雕塑的出现与这件作品有着密切的关系。

　　综上来看，图坦卡蒙的复古主义不仅复兴了传统的仪式化样式，同

图 16　狮子雕像
　　　第 18 王朝
　　　大英博物馆藏

时还着重对祖父阿蒙荷太普三世倡导的表现主义进行了完整的吸收。

文明交融 —— 来自外族文明的影响

图坦卡蒙生活在公元前 14 世纪晚期，在那个时期，埃及与地中海东部正处在一段相对繁荣与和平的时期。尽管当时的大国继续就该地区小国的宗主权问题争吵不休，但是国王之间互相称呼为"兄弟"，通常通过外交手段处理共同关心的事务，并通过相互赠送礼物来维护和平。在这方面，埃及本土丰富的黄金资源意味着该国处于有利地位，因为这些统治者需要埃及的资源。

在第二中间期，埃及就开始了与外界文明的交流和交融。喜克索斯人入侵埃及后，给埃及带来很多新的技术，其中包括金属制作技术，能够制造各种先进的武器，包括战马和战车，以及羊毛染色和纺织工艺。埃及工匠很快掌握了这些制作技术和工艺，打造出了属于埃及自己的战车以及质量上乘、设计华丽的纺织面料。虽然喜克索斯人后来被埃及人驱逐，但他们凭借着强大的生存能力和商业头脑，很快在今黎巴嫩西部站稳了脚跟，成了地中海各文明交流和贸易往来的使者，也成了埃及与迈锡尼文明的纽带。通过贸易和朝贡，迈锡尼文明的金银器源源不断地出现在帝国时代的埃及国王面前，携带这些金银器的人被埃及人称为"克弗惕乌人"，影响了埃及金银器的制作、发展与进步。

进入新王国时期，不管是通过战争还是贸易等方式，帝国的历代国王获取了大量不同地域的战利品和珍宝，为埃及的艺术和工艺技术的发展注入了新的动力。例如埃及国王图特摩斯一世曾经在距离地中海最近的幼发拉底河沿岸立过一块界碑，标志着埃及控制了今叙利亚的北部和东部。从此，叙利亚、巴勒斯坦等地区开始向埃及进贡，大量的贡品和人员的往来为埃及的工匠们提供了可以借鉴的范本。在哈特谢普苏特女王统治时期，再次开通了蓬特的远程航线。文献记载在女王统治的第九年年初，船队起航，并向天上诸神献上了安抚祭，祈求风调雨顺。返程回来的船上装满了蓬特国的奇珍异宝：神之乐土的所有芳香四溢的木材、成堆的没药树脂、新鲜的没药树、乌木和象牙、肉桂木、香料、化妆品、狒狒、猴子、狗、南方的豹皮，甚至是本地人和他们的孩子。图特摩斯三世在与卡叠什王和米吉多王的战争中，获得了924架战车、2238匹马、200套盔甲、两位国王的华丽帐篷、约2000头大牛、22500头小牛、卡叠什王的华丽家具、权杖、一座银雕，以及一尊镶嵌了黄金和青金石的乌木雕像，以及大量金银。

阿蒙荷太普三世时期彻底打通了亚洲与非洲之间的通道，使古老的尼罗河流域的埃及人从此走向世界。亚洲贸易从原来的幼发拉底河流往巴比伦，改道地中海到尼罗河三角洲，成为了全世界的贸易集散地。埃及同时加强了对亚洲的控制，法老委任"北方国家总督"管辖这一地区，并在今叙利亚和巴勒斯坦地区驻军，代表法老行使权力。阿蒙荷太普三世时期，大量的战利品源源不断地流入埃及，例如从叙利亚掠夺回来500多名领主、240名女眷、210匹马和300辆战车，近1600磅黄金花瓶和器皿，以及10万磅铜，等等。类似的案例数不胜数。这些战利品影响了古埃及艺术的发展。

虽然在阿玛尔纳时期埃及的外交影响力随着埃赫纳吞的统治和宗教改革有所减弱，但依然是地区性的强国。文献记载埃赫纳吞在位第十二年接待了携带礼品和贡物的外国使节。埃赫纳吞有一位妻子是外国人，可见当时交流并没有中断。

综上来看，经过新王国历代国王的奋战，随着领土面积的扩大和海上贸易的发达，周边的先进工艺、材料不断地流入埃及。埃及成为奢侈品艺术的高地。因此，图坦卡蒙在阿玛尔纳艺术风格和帝国早期艺术风格的影响下，最终选择了一种融合的路线，创造了独具一格的艺术风格。

结语：少年法老的回归

少年法老图坦卡蒙生活在一个极其重要的转折时期。他继位时，其父埃赫纳吞所发起的宗教改革影响尚存，帝国在这场震荡中风雨飘摇，岌岌可危。面对百废待兴的局面，他毅然决定将都城迁回孟菲斯，率领阿玛尔纳的居民走上回归传统的道路，重启了卡尔纳克、卢克索神庙、帝王谷的修建和使用，并在卡尔纳克神庙中立下"复兴石碑"，表明了回归传统的决心。该石碑将法老称为秩序的恢复者和"复兴之君"，并指出法老的终极目标正是使"世界又恢复到它初创时的样子"。图坦卡蒙不仅实现了"复兴"，也实现了更高形式的对传统的回归——他重构了多神信仰，创造了独特的图坦卡蒙艺术风格，其写实主义的风格和独特的精神特质，成就了一种新的经典，并深刻影响了后世、特别是第19王朝拉美西斯时代的艺术风格。

图坦卡蒙短短的一生跨越着信仰对立的两个时代，却能做出坚定的抉择，把埃赫纳吞时代的太阳神崇拜和谐地融入传统的信仰体系中，去除了埃赫纳吞时代太阳神崇拜的排他性，又维护了太阳神超越众神的地位。黄色系木棺的流行，墓室壁画中"尚金"风格的出现，处处体现出太阳神在来世信仰体系中的核心角色。如果说《亡灵书》的出现标志着来世信仰的大众化或民主化，图坦卡蒙时代则开启了太阳神照耀来世之路的新篇章。在埃及国家博物馆，图坦卡蒙的金面具对我们讲述着他的墓中宝藏；在上海博物馆，图坦卡蒙的巨大雕像则告诉我们另一个故事：在少年法老的时代，太阳神的光芒穿越了死亡的地平线，照亮了时代和文明。

图书在版编目（CIP）数据

金字塔之巅：古埃及文明探微 / 上海博物馆编.
上海：上海书画出版社, 2024. 12.
-- ISBN 978-7-5479-3477-7

Ⅰ. K411.203
中国国家版本馆CIP数据核字第20252F6J58号

金字塔之巅：古埃及文明探微
上海博物馆 编

责任编辑	袁　媛　张冬煜
审　　读	雍　琦　曹瑞锋
责任校对	田程雨
特约审读	汪世超
装帧设计	刘　蕾
技术编辑	包赛明

出版发行	上海世纪出版集团
	ⓢ 上海书画出版社
地址	上海市闵行区号景路159弄A座4楼　201101
网址	www.shshuhua.com
E-mail	shuhua@shshuhua.com
制版	上海雅昌艺术印刷有限公司
印刷	上海雅昌艺术印刷有限公司
经销	各地新华书店
开本	890×1240　1/32
印张	7.563
版次	2025年3月第1版　2025年6月第2次印刷
书号	ISBN 978-7-5479-3477-7
定价	78.00元

若有印刷、装订质量问题，请与承印厂联系